AF215804

Hans-Peter Kolb

# Natur und Liebe

## Ein teleologisches
## Verständnis der Natur

Hans-Peter Kolb

# Natur und Liebe

## Ein teleologisches
## Verständnis der Natur

Bibliografische Information der Deutschen Nationalbibliothek:
Die Deutsche Nationalbibliothek verzeichnet diese Publikation in
der Deutschen Nationalbibliografie; detaillierte bibliografische
Daten sind im Internet über dnb.dnb.de abrufbar.


© 2017 Hans-Peter Kolb
2018 überarbeitete Fassung
Herstellung und Verlag:
BoD – Books on Demand, Norderstedt

ISBN: 9783744817660

# Inhaltsverzeichnis

# Vorwort

Angeregt durch ein Buch von Thomas Nagel (Nagel, 2016), in welchem die These vertreten wird, dass „die materialistische neodarwinistische Konzeption der Natur so gut wie sicher falsch ist" (ebenda), versuche ich, mithilfe meiner Daseinsanalyse (Kolb, 2017a; Kolb, 2017b; Kolb, 2017c) eine teleologische Konzeption der Natur zu entwerfen, die sowohl konstitutionell als auch geschichtlich das Auftreten von Bewusstsein, von Kognition bzw. Denken und von Werten erklärt. Eine teleologische Konzeption bedeutet in dieser Hinsicht daher zweierlei: Zum einen geschichtlich, dass die Natur zielgerichtet Wesen hervorbringt, die so etwas wie Sinn, Bedeutung und Richtung erkennen können, zum anderen konstitutionell, dass die Natur selbst sinnvoll ist und ihren Sinn über diese Wesen, die Sinn erkennen können, in unserer Welt immer mehr erfassen kann. Als derartige Wesen passen wir Menschen in die Welt und haben „eine Form des Selbstverstehens [… gefunden], die uns selbst nicht untergräbt und uns nicht abverlangt, das Offensichtliche zu leugnen" (Nagel, 2016, S. 42). Eine teleologische Konzeption bedeutet aber auch, dass das Telos in der Natur verankert sein muss, d.h. dass es eine Sehnsucht danach geben muss, die früher oder später zum Ausdruck kommt und dabei zuerst empfunden und dann verstanden werden kann.

Die Alternative zu einer teleologischen Konzeption ist neben einer materialistischen eine intentionale, dass eine höhere Macht, z.B. Gott, von außen immer wieder schöpferisch in die Natur eingreift und dabei bestimmte Absichten verfolgt. Eine teleologische Konzeption muss nicht die Existenz einer höheren Macht oder eines persönlichen Gottes leugnen, sie überwindet nur die Gegensätzlichkeit von innen und außen, die typisch für jede intentionale Konzeption ist. Wie ich zeigen konnte (Kolb, 2017c, S. 208 ff.), würden wir den Sinn der Natur und des Kosmos und den unseres Daseins nur in der vollkommenen Liebe erkennen, ein utopischer Zustand, in welchem alle Gegensätzlichkeiten keine Rolle spielten, also auch die von innen und außen. Damit ist eine intentionale Konzeption mit meiner Daseinsanalyse nicht vereinbar. Ein persönlicher Gott kann in meiner teleologischen Konzeption folgenden Platz haben: Als Schöpfer der Welt gab er seiner Schöpfung von Anfang an das Versprechen der vollkommenen Liebe seinerseits, und dass wir jederzeit in eine persönliche Liebesbeziehung zu ihm treten können, indem wir seinem Versprechen vertrauen, so wie er uns entsprechend vertraut, dass wir nach der vollkommenen Liebe streben. Da es in der vollkommenen Liebe keine Gegensätzlichkeiten gibt, greift er niemals in die Materie ein. Aber er fordert uns persönlich auf, unsere psychische Motivation und unsere geistigen Idealvorstellungen zusammenzubringen bzw. jegliche Gegensätze dabei zu überwinden, sodass wir immer mehr zu unserem eigentlichen Selbst kommen, uns immer enger mit ihm verbinden und zur vollkommenen Liebe gelangen. Dies geschieht in der tätigen Liebe mit allen Geschöpfen, die Gott ja allumfassend liebt. So ist Gott und unsere Beziehung zu ihm persönlich, ohne dass er als Akteur in das Weltgeschehen eingreift, und wir sind aufgefordert, uns Gott vertrauend und tätig mit der Welt und ihren Gegensätzlichkeiten auseinanderzusetzen. Übrigens wird bei einer teleologischen Konzeption kein Bild gezeichnet oder eine Vorstellung erzeugt, was Gott betrifft, im Gegensatz zu einer intentionalen Konzeption. Daher befolgen wir mit einer teleologischen Konzeption das erste Gebot Moses, eine intentionale Konzeption aber nicht. Eine teleologische Konzeption muss nicht Wunder leugnen. In einer solchen Konzeption sind Wunder Geschehnisse, die nicht reduzierbar sind, sondern aus dem Telos heraus entstehen, und das erscheint uns wunderbar.

Die hier entwickelte und dargestellte Konzeption ist von ostasiatischem Gedankengut beeinflusst, dass es um die

Überwindung von Gegensätzen und um Einheit in der Vielfalt geht. Die beiden teleologischen Prinzipien, die sich daraus ableiten lassen, sind Entfaltung und Harmonie. Daher ist diese teleologische Konzeption der Natur keine Konzeption von individuellem Sein, sondern von Sein in Systemen, und sie ist weder rein emergent, denn jedes Erscheinen von etwas ist durch von Beginn an gegebene Entwicklungsprinzipien bestimmt, auf die sie immer wieder bezogen ist, noch rein reduktiv, weil sich immer wieder zuvor Verborgenes zeigt, das auf nichts Vorausgegangenes reduziert werden kann. Man kann sie neutral monistisch nennen, weil sie weder einer idealistischen noch einer materialistischen noch einer dualistischen Position den Vorrang gibt. Das kommt daher, dass das Psychisch-Motivationale (also eine dualistische Psychodynamik zwischen Geist und Materie), das Geistig-Ideale und das Körperlich-Materielle als die drei grundlegenden Aspekte des Daseins betrachtet werden, die sich in einem absolut dialektischen Verhältnis zueinander befinden, d.h. jeweils ein Aspekt vermittelt zwischen den beiden anderen und diese den einen, sodass keiner einen Vorrang besitzt (Kolb, 2017a).

Das Telos, das utopische Ziel, dem die Natur und alle Systeme in ihr zustreben, ist die vollkommene harmonische Entfaltung, die bei uns Menschen, wie ich noch zeigen werde, der vollkommenen Liebe entspricht, wie ich sie in „Dasein, um zu lieben" (Kolb, 2017a) umschrieben habe. Was mich zu dieser Behauptung gebracht hat, ist Folgendes:

(1) Die vollkommene Liebe ist im menschlichen Dasein als Sehnsucht bezeugt (Kolb, 2017a), sie ist trotz ihrer Utopie in der Hinsicht sinnvoll, dass immer wieder Fortschritte auf dem Weg dorthin erzielt werden können, die unser Dasein insofern vollkommener machen, als dass wir uns immer weniger täuschen, uns immer erfüllter fühlen und immer weniger unangenehm enttäuscht, und so gibt sie jeder menschlichen Lebensform einen umfassenden Sinn.

(2) Wie bereits aufgezeigt (ebenda), lässt sich die vollkommene Liebe in den verschiedenen Daseinsmodalitäten Individuum, Genus (Gemeinschaftswesen) und Spezies (handelndes Wesen) beschreiben als vollkommenes ganzheitliches Selbstverständnis, vollkommene kommunikative Solidarität und vollkommene Autonomie und Effektivität zur generellen Leidminderung. Soweit zur Konstitution des menschlichen Daseins. Freiheit, Gleichheit und Brüderlichkeit werden auf dem Weg zur vollkommenen Liebe immer mehr erreicht.

(3) Geschichtlich lässt sich die Evolution der Natur aus der Entwicklung des Kindes hypothetisch ableiten in Form einer emergenten Entwicklung. Indem ein Kind in seiner Entwicklung nacheinander lernt, mit den fünf grundlegenden Gegensätzen im Umgang mit der Realität (Nishida, 2011) immer besser umzugehen, wobei erst ein bestimmter Entwicklungsgrad im Umgang mit dem zuletzt aufgetauchten Gegensatz erreicht sein muss, bevor der nächste zu bewältigende Gegensatz dem Kind erscheint (Emergenz) (Kolb, 2017c), nähert es sich immer mehr der vollkommenen Liebe (Kolb, 2017a). Die grundlegenden Gegensätze werden aber bis ans Lebensende nie vollkommen überwunden, das wäre ja die Utopie der vollkommenen Liebe.

(4) Da die Gegensätze, anhand derer man die kindliche Entwicklung beschreiben kann, bis auf den Gegensatz räumlich-zeitlich auch bei Tieren auftauchen und verschiedene Entwicklungsstufen je nach Tierart erkennbar sind, und weil die den kindlichen Entwicklungsstufen zugeordneten Beziehungsformen entsprechend bis auf die Freundschaft schon im Tierreich auftauchen, sodass man von einer Evolution der Liebe (Hüther, 2012) sprechen kann, halte ich es für eine begründete Vorgehensweise, die kindliche Entwicklung auf die Natur zu übertragen. Die physische Entwicklung des menschlichen Embryos folgt ja auch verschiedenen evolutionären Entwicklungsschritten, wie sie in der Natur aufeinanderfolgen.

Darwins Entwicklungskonzept müsste zum einen dahingehend erweitert werden, dass die Evolution der Vollkommenheit einer harmonischen Entfaltung zustrebt, wobei dieses Ziel sich immer mehr in der Natur zeigt, zuerst als Sehnsucht bei lebendigen Wesen, immer weiter zu leben, und sich schließlich im menschlichen Dasein als vollkommene Liebe offenbart. Das Ziel der Entfaltung wird schon im Moment des sogenannten Urknalls erkennbar, und je mehr sich alle freiwillig und gleich entfalten, aber dabei „brüderlich" bzw. harmonisch aufeinander bezogen sind, wird immer mehr vollkommene Freiheit ineins mit vollkommener Gleichheit erreicht, ein utopisches Ziel, äquivalent mit dem der vollkommenen Liebe (Kolb, 2017a) bzw. dadurch vermittelt.

Die „natürliche Auslese" Darwins folgt zum andern dementsprechend nicht nur der Regel, dass der Fitteste überlebt („The fittest will survive"), was beim menschlichen Dasein nur den Daseinsmodus der Spezies betrifft, sondern auch, dass der mit den harmonischsten Beziehungen zu den anderen im Modus des Genus – beim späten Darwin „the most charming" – und der, der sich selbst am besten ganzheitlich versteht (Daseinsmodus des Individuums), jeweils die besten Chancen zum Überleben hat. Alle drei Regeln stehen in einem absolut dialektischen Verhältnis zueinander, d.h. jeweils eine Regel vermittelt zwischen den beiden anderen und diese beiden die erste. Insofern hat keine der drei Regeln einen Vorrang.

# 1.    Vom Chaos zur Ordnung

Schon in der Bibel heißt es, dass es am Anfang nur Tohuwabohu gab, also nur Chaos. In der Physik nennt man ein instabiles System chaotisch. Beim Urknall herrschte nach der Meinung einiger Physiker Chaos, bis sich allmählich immer mehr Ordnung herstellte. Dies widerspricht allerdings einem zentralen physikalischen Grundsatz, wonach die sog. Entropie immer zunimmt bzw. die Ordnung abnimmt. Der Zustand beim Urknall muss demnach eine sehr große Ordnung bzw. eine unvorstellbare Feinabstimmung gehabt haben, aber auch sehr instabil gewesen sein aufgrund hoher Geschwindigkeiten, was insgesamt ziemlich widersprüchlich ist. Wenn man die subatomare Ebene betrachtet, so haben wir es hier ebenfalls mit instabilen Systemen zu tun: Aufgrund der hohen Geschwindigkeiten ist der Impuls eines Elektrons nach der speziellen Relativitätstheorie nicht mehr linear zur Geschwindigkeit im Gegensatz zum Ort. Deswegen wirken sich Messfehler derart stark aus, dass man von instabilen bzw. chaotischen Systemen sprechen muss. Das Planck'sche Wirkungsquantum bezeichnet die kleinste feststellbare bzw. messbare Wirkung von etwas, und kleinere Distanzen als der Durchmesser eines Elektrons sind ebenfalls nicht messbar. Daher kann man die Quantenphysik auch als Messfehlerphysik bezeichnen, und es muss einen nicht wundern, wenn sie bei Messungen nur Wahrscheinlichkeiten als Ergebnisse liefert und die Unschärferelation nach Heisenberg die Planck'sche Wirkungszahl enthält. Physiker haben daher vermutet, dass, wenn man die Relativitätstheorie von Einstein auf die subatomare Ebene anwendet und mit Intervallen rechnet, welche die Mess-Unschärfen berücksichtigen, statt mit Zahlenwerten, dass man dann zu denselben Ergebnissen kommt wie die Quantenphysik. Aufgrund der bisherigen Modelle der Quantenphysik scheint dies allein aber nicht auszureichen. Meine These lautet, dass es abwech-

selnd freie Entwicklungsprozesse und regulierende Selbstor-
ganisierungsprozesse im Universum gibt, Entfaltung und Har-
monisierung im Wechsel.

Man kann sich das Chaotische auf der subatomaren
Ebene auch folgendermaßen veranschaulichen: Während der
Atomkern sich vorwärtsbewegt, umkreist ihn mindestens ein
Elektron, d.h. es überlagern sich lineare und zirkuläre Prozesse. Dies geschieht ebenfalls, wenn ein Elektron sich bewegt
und dabei einen Spin hat, d.h. sich um sich selbst dreht. Bei
nichtlinearen zirkulären Prozessen kann es immer wieder zu
sogenannten Symmetriebrechungen kommen, wenn durch
winzigste Veränderungen in einer kritischen Situation sich die
Ebene der Kreisbewegung um den Kreismittelpunkt dreht. Im
Extremfall kehrt diese Bewegung sich sogar plötzlich um,
wenn ihre Ebene sich nämlich um 180 Grad dreht.

Geht man nun auf die makroskopische Ebene, die ja auf
der subatomaren aufbaut, dann ist auf einmal eine derartige
Ordnung vorhanden, dass die Gesetze der Newton'schen Physik gelten. Das liegt nicht nur daran, dass unsere Messfehler
verschwindend gering sind im Vergleich zu den Daten, mit denen wir es auf dieser Ebene zu tun haben, sondern auch die
Geschwindigkeiten sind derart gering, dass wir die Relativitätstheorie außer Acht lassen und von einem linearen Zusammenhang von Impuls und Geschwindigkeit ausgehen können,
d.h. es überlagern sich nur noch lineare Prozesse in der
Newton'schen Physik. Im Makroskopischen haben wir also
wesentlich mehr Ordnung und können physikalische Prozesse
viel besser voraussagen. Das Problem der chaotischen Überla-
gerungen von linearen und zirkulären Prozessen ist gelöst.

Wenn wir uns nun dem chemischen Bereich zuwenden,
so besteht hier insofern eine Unordnung bzw. schwierige Vorhersehbarkeit, als dass die verschiedenen Stoffe sich ziemlich
beliebig miteinander verbinden können. Auch hier bildet sich
eine Ordnung heraus, wenn ein Stoffgemisch komplex genug
ist, es strebt dann nämlich von allein danach, eine bestimmte

Ordnung in seiner Struktur zu erhalten. „Chemische Reaktionen bleiben automatisch in stabilen Zuständen »hängen«." (Weber, 2007, S. 66) Als Leben auf der Erde entstand, herrschten viel höhere Temperaturen und auch größere Temperaturunterschiede, sodass man sehr weit vom sogenannten thermodynamischen Gleichgewicht entfernt war und aufgrund der großen Temperaturunterschiede und -schwankungen bei Stoffen mit sehr unterschiedlicher Wärmeleitfähigkeit sich immer mehr Chaos aufbaute. Durch den geordneten Stoffwechsel im Lebendigen ist dieses Problem wiederum gelöst worden. „Dabei entstehen wunderbar komplexe Strukturen, wenn nur eine genügend große Zahl von einzelnen Bausteinen beteiligt ist." (ebenda, S. 67) Bei der Entstehung des Lebens wird das Teleologische noch deutlicher erkennbar als Sehnsucht, immer weiter zu leben, denn Leben ist harmonische Entfaltung. Mit der Sehnsucht bekommt die Natur einen seelischen bzw. psychisch-motivationalen Aspekt.

Mit der allgemeinen immer höheren Ordnung, der einzelnen immer besseren Vorhersehbarkeit und der spezifischen immer erfolgreicheren Problemlösbarkeit innerhalb von Systemen haben wir die drei grundlegenden Zielrichtungen bzw. Sinnaspekte der Evolution aufgezeigt, die sich in einem absolut dialektischen Verhältnis befinden, d.h. der eine Aspekt vermittelt zwischen den beiden anderen und diese den einen, sodass keiner einen Vorrang vor den anderen Zielrichtungen besitzt und man sie zusammenfassen kann zu dem Evolutionsziel der vollkommenen harmonischen Entfaltung. Harmonie impliziert, dass es immer weniger Probleme gibt bzw. dass sie immer erfolgreicher gelöst werden können, und Entfaltung meint, dass sich ein vorher verborgenes Phänomen zeigt, nämlich solches, was dem Ganzen wesenhaft etwas tiefer zugrunde liegt und etwas mehr von dessen Sinn und Grund ausmacht (Heidegger, Sein und Zeit, 2006, S. 35, "Phänomen in einem ausgezeichneten Sinn"). Damit ist dann eine höhere Ordnung und eine bessere Vorhersehbarkeit erreicht.

Für das einzelne Element eines Systems lassen sich für seine Zugehörigkeit folgende Regeln aufstellen: (1) Es sollte geeignet genug sein, an Problemlösungen effektiv beteiligt zu sein – das entspricht der Darwin´schen Regel „The fittest will survive"; (2) es sollte sich harmonisch in die Ordnung des Gesamtsystems einfügen bzw. mit den anderen Elementen möglichst harmonisch zusammenwirken – das passt zu der Regel „The most charming will survive" des späten Darwin, die von den Darwinisten leider nie berücksichtigt wurde (Hüther, 2012); (3) der evolutionären Zielrichtung der Vorhersehbarkeit, die sich aus den beiden anderen Aspekten der harmonischen Entfaltung ergibt, entspricht, dass sich irgendwann einmal bei den einzelnen Elementen eines Systems ein Selbstverständnis entwickeln muss, und das bedeutet die Entwicklung eines Bewusstseins mit der Regel „The one with the best and most holistic self-understanding will survive", auf die Darwin vielleicht auch noch gekommen wäre. Wenn man nämlich sein Beispiel betrachtet, mit dem er die zweite Regel „The most charming will survive" erläuterte, dass nämlich der bunte Gockelhahn überlebte, weil ihn die Hennen attraktiver fanden als seinen unscheinbaren Konkurrenten, obwohl dieser in der Hinsicht „fitter" bzw. angepasster war, dass Raubvögel ihn nicht so leicht sehen konnten, dann konnte der bunte Hahn nur dann genauso „fit" sein wie sein Konkurrent, wenn er so viel umfassendes Selbstverständnis besaß, dass er wegen seiner Auffälligkeit besonders vorsichtig war und sich schneller versteckte, wenn ein Raubvogel sich näherte.

Wenn man so will, ist das Evolutionsziel der vollkommenen harmonischen Entfaltung ein Meta-Ziel, dessen konkrete Ausprägung auf den vorangegangenen Entwicklungsstufen noch ganz verborgen war. Daher sollten alle emergenten Ausprägungen auf den verschiedenen Evolutionsstufen als harmonische Entfaltungen mit den drei Aspekten einer höheren Ordnung, besseren Vorhersehbarkeit und erfolgreicheren Problemlösbarkeit sichtbar gemacht werden können. Um hier

nicht den Rahmen zu sprengen, werde ich dies nur exempla-
risch vollziehen, aber dabei insbesondere das Erscheinen von
Bewusstsein, von Denken und von Werten bzw. von Moral
aufzeigen. Vorher möchte ich aber klären, unter welchen allgemeinen Bedingungen es jeweils zu einer nächsten Evolutionsstufe kommt und damit zu einer höheren Ordnung, einer
besseren Vorhersehbarkeit und erfolgreicheren Problemlösbarkeit.

Wenn durch äußere Umstände oder durch eine Vermehrung der einzelnen Elemente eines Systems deren Anzahl
pro Volumen zu einem bestimmten Zeitpunkt über ein kriti-
sches Maß ansteigt, droht Chaos. Entweder wird das System
dadurch vernichtet, oder es kann sich auf einer höheren Ent-
wicklungsstufe selbst neu organisieren, dadurch eine höhere
Ordnung, eine bessere Vorhersehbarkeit und erfolgreichere
Problemlösungsmöglichkeiten erreichen und so die durch die
zu große Dichte entstandenen Probleme lösen. Wenn es zu
Wachstum und Entfaltung kommt, dann muss eine bessere Art
Harmonie entstehen, sonst zerstört das wachsende Chaos das
Ganze wie ein Krebsgeschwür. Umgekehrt fördert Harmonie
Wachstum und Entfaltung, sodass man ab einem bestimmten
Punkt ein höheres Niveau an Harmonie braucht usw. Die Entfaltung in Form von Vermehrung ist ein quantitativer und kon-
tinuierlicher Prozess, der naturwissenschaftlich erklärt werden
kann, während die Entwicklung der Harmonie qualitativ ist
und sich in einem plötzlichen Emergenz-Prozess vollzieht, der
sich dem naturwissenschaftlichen Verständnis entzieht. Beide
Arten von Prozessen bedingen sich gegenseitig, ohne Entfaltung entwickelt sich die Harmonie nicht weiter, und ohne Harmonie kommt es zu keiner weiteren Entfaltung. Die Naturwis-
senschaften können nur die eine Hälfte der Evolution verständlich machen.

Nehmen wir als Beispiel das Laser-Licht: Durch Anle-
gen einer elektrischen Spannung bei einer entsprechenden Ap-

paratur werden Lichtblitze erzeugt und zwischen zwei Spiegeln hin- und hergeworfen. Durch Erhöhung der Spannung wird die Anzahl der Lichtblitze immer größer, bis eine kritische Menge überschritten ist und das ganze System der Lichtblitze sich zur kohärenten Sinuswelle des Laser-Lichts neu organisiert, wenn die Spiegel die richtige Entfernung zueinander haben (falls nicht, bricht das System zusammen). Ein anderes Beispiel – diesmal aus dem Sozialbereich – ist ein Publikum, welches nach einer künstlerischen Darbietung klatscht. Je mehr Leute aus dem Publikum immer schneller und lauter klatschen, weil sie die Darbietung so gut fanden, desto mehr Klatschlaute mit entsprechender Phonzahl füllen den Raum in jedem Augenblick, sodass der Lärm immer chaotischer zu werden droht, bis auf einmal ein Klatschrhythmus entsteht, der von niemandem angeleitet wurde, sondern sich selbst organisiert hat und auf diese Weise wesentlich klarer und deutlicher die Anerkennung für die künstlerische Leistung ausdrückt, als es in dem vorangegangenen Chaos möglich war.

Diese teleologische Konzeption der Natur ist einerseits sinnvoll und macht es wahrscheinlich, wie ich in den folgenden Kapiteln zeigen werde, dass sich Bewusstsein, Denken, Vernunft, sprachliche Verständigung sowie Werte und Normen entwickelten, andererseits ist sie nicht intentional, da sie ergebnisoffen ist, d.h. es wird keine bestimmte Form einer harmonischen Entfaltung angestrebt, die harmonische Entfaltung sollte nur vollkommen sein, es sollte keine weitere und noch perfektere harmonische Entfaltung mehr möglich sein. Für eine teleologische Konzeption, die nicht intentional ist, gilt der Ausspruch von Konfuzius: Der Weg ist das Ziel.

Das teleologische Prinzip der harmonischen Entfaltung mag den Anschein erwecken, als würde sich die Natur und alles in ihr kontinuierlich zum Angenehmen und Guten entwickeln, was auch immer das sei. Tatsächlich überlagern sich aber dabei zwei Arten von Prozessen, eine quantitative Art von

Vermehrungsprozessen, die immer wieder zu für viele Lebewesen sehr unangenehmen Zuständen führen, und eine qualitative Art von Prozessen, die sprunghaft eine weiter entwickelte Form von Harmonie herstellen, sodass das Unwohlsein immer mehr zurückgeht und das entstehende Wohlgefühl zu weiteren Vermehrungsprozessen führt. Auf diese Weise vermehren sich insbesondere komplexe Formen mit vielfachen Variationen.

Es scheint in der lebenden Natur drei Arten von aktiven Entwicklungsprozessen zu geben: Zum einen geht es um das Überleben, das ist der Kreislauf von Werden und Vergehen. Zum anderen geht es um ein immer besseres Funktionieren des Überlebens, was immer effektivere Lebensformen entstehen lässt. Schließlich generiert die Natur einen derartigen Überfluss, z.B. an Farben und Formen, an Klängen und Düften, was man nicht mehr mit Funktionalität allein erklären kann. Es scheint, als habe die Natur Freude am Leben und drücke dies nur für sich selbst auf eine sehr verspielte Art aus. Während die ersten beiden Arten von Prozessen der Vermehrung dienen, sieht es so aus, als würden alle Lebewesen in einen immer harmonischeren und sehr verspielten Kontakt miteinander treten. Diese Verhaltensmuster finden wir auch im menschlichen Leben, in der „Vita activa", die Hannah Arendt einteilt in die drei Bereiche des Arbeitens zum Überleben, des Herstellens einer funktionalen Welt, die das Überleben immer mehr erleichtert, und des Handelns im Zwischenmenschlichen, wodurch zwar weder Konsumgüter noch Gebrauchsgegenstände geschaffen werden, was aber dem menschlichen Leben einen Sinn verleiht (Arendt, 1967) und damit eine Erklärung des Lebens und der Natur.

## 2.    Entfaltung und Verbundenheit

Im letzten Kapitel habe ich zu erklären versucht, warum aus Chaos immer mehr Ordnung entsteht, nämlich dadurch, dass durch Selbstorganisation die Ordnung ein immer höheres Niveau erreicht, wenn die Quantität immer größer wird. Diese Erklärung bestand darin, dass ein System bei immer stärkerer Vermehrung und Verdichtung sich sonst selbst zerstört. Wie aber lässt es sich erklären, dass Systeme sich überzufällig oft nicht zerstören, sondern sich immer besser selbst organisieren?

Auch hier bietet sich eine Erklärung an, die aus der Quantenphysik abgeleitet werden kann, und zwar aus der dort festgestellten Nichtlokalität. Diese besagt, dass bei der Spaltung eines Atoms, wenn dessen zwei Hälften jeweils in entgegengesetzte Richtungen fliegen, Veränderungen, die bei der einen Hälfte von außen bewirkt werden, bei der anderen Hälfte zu entsprechenden Veränderungen führen. Es scheint so, vorsichtig ausgedrückt, als seien die beiden Hälften unabhängig von ihrer Entfernung voneinander, also nichtlokal, immer noch miteinander verbunden. Wenn man sich nun vorstellt, dass direkt beim Urknall alles zusammen und daher miteinander verbunden war, dann war dies nach dem Urknall auch noch der Fall, und dies macht es plausibel, dass Systeme und schließlich auch das Gesamtsystem von allem, was ist, sich immer besser selbst organisiert.

Leider ist das Ganze aber nicht so einfach, denn die Abhängigkeit der beiden getrennten Teilchen in der Quantenphysik hat unterschiedliche Ausprägungen: in einem Fall haben beide z.B. die gleiche Spin-Richtung (Drehrichtung um die eigene Achse), in einem anderen kann diese auch jeweils entgegengesetzt sein. Sowohl Gegensätze als auch Gleichartiges kann manchmal zusammen harmonieren bzw. war vielleicht einmal ein einziges Teilchen, das gespalten wurde, und

manchmal nicht. So betrachtet decken sich unsere Alltagser-
fahrungen durchaus mit der Quantenphysik („Gleich zu Gleich
gesellt sich gern" und „Gegensätze ziehen sich an"). Weiterhin
verschwindet die Nichtlokalität bzw. die Verbundenheit, sobald man eines der Teilchen misst, d.h. sobald es mit anderen
Teilchen interagiert. Dieses Verschwinden der Verbundenheit
wird auch Dekohärenz genannt. Interessant ist, dass bei Lebewesen die Enzyme die Kohärenz wiederherstellen und Quanteneffekte wie den Tunneleffekt ausnutzen. Erforscht wurde
dies in der Quantenbiologie (Al-Khalili & McFadden, 2015).

Übrigens behaupten Al-Khalili und McFadden, dass le-
bende Zellen und damit alle Lebewesen ohne Quanteneffekte
wie Tunneln und Nichtlokalität, die sie sich zunutze machen,
nicht existieren könnten (ebenda). Damit Quanteneffekte nutzbar sind, damit also die nötige Kohärenz lange genug aufrecht-
erhalten wird, muss der Wellencharakter der subatomaren
Strukturen (Elektronen, Protonen u.ä.) geschützt werden. Bei
technischen Lösungen dieses Problems, etwa bei der Kon-
struktion von Quantencomputern, schirmt man entsprechende
Apparaturen so weit wie möglich ab und senkt die Temperatur
bis in die Nähe des absoluten Nullpunktes. Lebewesen scheinen eine andere Lösung gefunden zu haben: einerseits halten
sie das „thermodynamische Rauschen" (chaotische Schwingungen aufgrund von Temperatur) im Rahmen eines sogenannten „weißen Rauschens" und möglichst konstant – insbesondere bei Tieren mit konstanter Körpertemperatur –, und andere Schwingungen, die sich davon abheben, modulieren sie
derart, dass sie via Resonanz den Wellencharakter der subatomaren Strukturen schützen. Daher spielen Resonanz und
Rhythmus bei Lebewesen eine große Rolle: ob etwas lebt, erkennen wir z.B. intuitiv daran, ob sich bei ihm etwas rhythmisch bewegt. Dies können wir nur dadurch wahrnehmen,
dass wir in Resonanz zu derartigen Bewegungen treten, die wir
dann Regungen nennen.

Die Verbundenheit und die Bezogenheit aufeinander zeigt sich daher nicht nur in der Quantenphysik in Form der Nichtlokalität, sondern auch bei allen Lebewesen, sobald diese sich regen können. Lebewesen haben eine ähnliche charakterliche Dualität wie Licht, nämlich die Charakteristik eines Korpuskels und die einer Welle, da man zwischen Lebewesen verschiedene Phänomene der Resonanz erkennen kann. Lebewesen bilden z.B. Biotope, und durch Vermehrung neu entstandene Lebewesen fügen sich sofort darin ein. Auch beim Menschen hat man festgestellt, dass Zwillingsföten, wenn sie ab der 14. Schwangerschaftswoche am ganzen Körper Sinnesempfindungen haben und sich bewegen bzw. regen, sich immer mehr gegenseitig berühren und so ihre Bezogenheit aufeinander zeigen (Staemmler, 2015, S. 61 - 63).

Die materialistische neodarwinistische Konzeption der Natur kann weder die Nichtlokalität noch die Dualität des Lichts noch die Bezogenheit von Lebewesen erklären, die schon vorhanden ist, bevor diese irgendeine Erfahrung gemacht haben. Beim einzelnen Lebewesen kann daher kein Anpassungsprozess zugrunde liegen, und in den Genen wird man aller Wahrscheinlichkeit nach ebenfalls keine Erklärung finden. Von einer teleologischen Konzeption der Natur aus betrachtet, macht die von Anfang an gegebene Bezogenheit aufeinander nicht nur Sinn, wenn man als zugrundeliegendes Telos bzw. Ziel die perfekte harmonische Entfaltung annimmt. Sinnvoll mag das auch für Neodarwinisten sein. Die generelle Verbundenheit ist aber aus dieser teleologischen Sicht auch einleuchtend, und es wäre ziemlich unverständlich, wenn es das nicht geben würde. Ohne diese Bezogenheit könnte man sich dem Telos der vollkommenen harmonischen Entfaltung noch nicht einmal annähern, und es wäre damit sinnlos. Die Bezogenheit aufeinander und die gegenseitige Anziehung sind die Verankerung oder Bezeugung dieses Telos in jedem Seienden, auch wenn dies bei Lebewesen eine andere Qualität hat als bei leblosen Dingen (Massenanziehung, Gravitation). Lebewesen können Anziehung und Abstoßung bis zu einem gewissen Grad steuern und beeinflussen.

Unser menschliches Dasein habe ich beschrieben als einen Prozess, der charakterisiert werden kann als eine kontinuierliche Abfolge von Ergriffenheit, Erwartung und Erfüllung oder Täuschung (Kolb, 2017a), was bei Heidegger Sorge und Verfallenheit entspricht (Heidegger, Sein und Zeit, 2006). Aus dem utopischen Idealzustand, in welchem alle Täuschungen vollkommen überwunden wären, habe ich dann meine Definition der vollkommenen Liebe abgeleitet als das echte und unmittelbare Verständnis unseres Worumwillens, was sowohl ein vollkommenes ganzheitliches Selbstverständnis beinhaltet, als auch vollkommene Autonomie und Effektivität, als auch vollkommene kommunikative Solidarität, wodurch insgesamt alle Täuschungen vollkommen überwunden wären (Kolb, 2017a). Unsere Existenz wäre dann absolut hingegeben, angenommen und in der Bedeutungslosigkeit versunken (ebenda). Der Weg dorthin ist die fortwährende bzw. absolute Negation aller Aspekte des Daseins, die absolute Negation unserer Welt bei absoluter Annahme von allem, d.h. der Zustand der vollkommenen Liebe ist unbestimmbar, das absolute Nichts ineins mit der absoluten Fülle (ebenda). Bei einer vollkommenen harmonischen Entfaltung wären ebenfalls alle Täuschungen vollkommen überwunden, da jede Täuschung Disharmonie erzeugt, und alles wäre miteinander verbunden. Die generelle Verbundenheit, die sich aus der Nichtlokalität der Quantenphysik und der Theorie vom Urknall ergibt, passt daher noch auf andere Art mit dem von Anfang an gegebenen Ziel der vollkommenen harmonischen Entfaltung zusammen.

Da die ganze Evolution ergebnisoffen ist, kann niemand mit Bestimmtheit vorhersehen, ob dieser Zustand der vollkommenen harmonischen Entfaltung jemals erreicht werden kann. Zwar können Fortschritte erzielt werden, aber ob

dies angesichts der unendlichen Ferne der vollkommenen harmonischen Entfaltung ausreicht, kann niemand sagen. Auch in
der Physik gibt es entsprechend unterschiedliche Vermutungen, ob das Universum immer weiter auseinanderdriftet, hin
und her pulsiert oder irgendwann wieder in sich zusammen-
fällt. Verbundenheit ist keine Garantie für eine vollkommene
harmonische Entfaltung bzw. für vollkommene Liebe, es
bleibt vielleicht nur ein frommer Wunsch bzw. das von Anfang
an gegebene Telos.

Bei uns Menschen zeigt sich die Verbundenheit darin,
dass wir uns von allem Möglichen angesprochen fühlen und
bei uns eine Entsprechung entdecken können. Wir sind in der
Lage, allem Möglichen einen Ausdruck zuzuschreiben und uns
mit diesem auseinanderzusetzen, und zwar im Allgemeinen dialogisch im Auskommen mit allem Begegnenden, im Einzelnen abstrahierend beim Betrachten von Entwicklungen bis zu
den zeitlichen Horizonten von Herkunft, Zukunft und Ankunft
und im Speziellen handelnd in möglichst kunstfertiger Art und
Weise. In der Begegnung mit anderen Menschen können wir
deswegen entdecken, dass, wenn sie sich von uns angesprochen fühlen, wir jeweils einen unterschiedlichen Ausdruck zu-
geschrieben bekommen. Damit können wir uns dann auseinandersetzen und uns selbst einen entsprechenden Ausdruck zuschreiben, der mit dem von anderen zugeschriebenen überein-
stimmen kann oder nicht, der aber in jedem Fall durch die Reaktionen der anderen beeinflusst ist, ob wir wollen oder nicht.
Durch diese Prozesse erschaffen oder verändern wir andauernd, oder vielmehr werden andauernd verschiedene Identitä-
ten und unser eigenes Selbst erschaffen oder modifiziert. Die
vielen Ausdrucksmöglichkeiten, die andere und wir selbst uns
auf diese Weise zuschreiben, machen uns zu schillernden Per-
sönlichkeiten. Dabei meint Persönlichkeit das Image, welches
wir bei anderen haben, den Gesamteindruck, den sie sich von
uns gemacht haben. Unser Selbst ist der Gesamteindruck, den

wir von uns selbst haben, unser Ich ist das, was sich im Moment gerade mitunter auch lautstark meldet, und unsere Person oder unser eigentliches Selbst ist das, was wir hinter all unserem Ausdruck vermuten, was durch alle unsere Erscheinungsbilder „hindurchtönt" (von lat. per-sonare). Soweit in etwa unser Sprachgebrauch. Aber von meiner teleologischen Konzeption her ist unsere Person bzw. unser (eigentliches) Selbst der Gesamtprozess all unseren Strebens nach vollkommener harmonischer Entfaltung bzw. vollkommener Liebe und umfasst somit unser ganzes Leben. Wenn jemand nicht nach vollkommener Liebe strebt, befindet sich sein Selbst bzw. sein Selbstprozess in einem defizitären Modus, sodass man sagen kann, er sei von seinem (eigentlichen) Selbst getrennt.

Die Verbundenheit bzw. die Entsprechung, die sich in der Zuschreibung eines Ausdrucks und der Auseinandersetzung sowie einer Selbstzuschreibung zeigt, die eine Synthese früherer Selbstzuschreibungen und aktueller Zuschreibung von anderen darstellt, tritt bei uns erst dann voll und ganz in Erscheinung, wenn wir ein menschliches Selbstbewusstsein entwickelt haben, was im nächsten Kapitel beschrieben wird. „In diesem Sinne ist die Entsprechung die fundamentalste und zugleich ursprünglichste Seinsweise, welche die menschliche Existenz erst eigentlich zu einer solchen macht." (Kôyama, 2011, S. 288) Weil solche Auseinandersetzungen dialogisch sind und die Begegnung, sei es mit einem Ding, einem Lebewesen oder einem Menschen, nur einen Einfluss darauf hat, welche Identität es für uns bekommt und wie unser eigenes Selbst verändert wird, folgt die Logik der Verbundenheit und der Entsprechung nicht dem Kausalitätsprinzip. Es gibt hier keine Ursachen, sondern nur Einflüsse und auslösende Momente. Dies gilt ebenfalls für die Nichtlokalität in der Quantenphysik.

## 3.    Die Entfaltung des Bewusstseins

Bewusstsein ist Vergleichen-Können, sodass der Vergleich kontingente Veränderungen in den eigenen Regungen hat, und ein Lebewesen hat ein bestimmtes Bewusstsein, wenn es bestimmte Dinge nicht nur miteinander vergleichen, sondern auch wechselseitig in Bezug zueinander setzen kann, wobei sich dann ebenfalls kontingent etwas bei dem betreffenden Lebewesen regt. Wenn jemand oder etwas ein bestimmtes Bewusstsein hat, dann sagen wir auch, er oder es habe etwas Bestimmtes verstanden bzw. eine Bewusstheit davon. Typisch menschlich ist Bewusstheit, wenn man die dabei entstehenden Regungen hinterfragt und mit anderen Regungen vergleicht (Kolb, 2017c, S. 197 ff., 8.Kapitel). Das ist Selbstbewusstheit. Regungen sollen dabei alle Geschehnisse heißen, mithilfe derer wir unterscheiden können, ob etwas lebt. Die wesentliche Eigenschaft von Regungen ist, dass sie rhythmisch sind, also, dass sich etwas von der Regung in ähnlicher Weise wiederholt, aber nicht vollkommen exakt auf dieselbe Weise. Dieser Zusammenhang bzw. diese Kontingenz von Regungen bei ein und demselben Lebewesen und damit jede Art von Lebendigkeit kann nur aufgrund der Kontingenzentdeckungsfähigkeit wahrgenommen werden, eine Fähigkeit, die wie die Verbundenheit von allem mit allem anderen vor jeglicher Erfahrung existiert, und für die es keine einleuchtende Erklärung gibt, es sei denn, man berücksichtigt das Telos der vollkommenen harmonischen Entfaltung. Die Kontingenzentdeckungsfähigkeit ist letztlich die Fähigkeit, Verbundenheit zu entdecken. Ein Lebewesen entdeckt Regungen zuerst bei anderen, dann entdeckt es aufgrund von Kontingenzen, dass manche dieser Regungen kontingent etwas mit ihm selbst zu tun haben, und erst dadurch entdeckt es wiederum aufgrund seiner Kontingenzentdeckungsfähigkeit, dass es selbst auch Regungen hat, und wird sich durch dieses Vergleichen seiner Lebendigkeit und seiner selbst bewusst. Lebendigkeit wird also durch Regungen vermittelt, und zugleich charakterisieren die Regungen jeden Lebewesens sein Verhältnis zu sich und seinem In-der-Welt-Sein. Das Leben eines Lebewesens lässt sich daher beschreiben als die Beziehung zwischen ihm und seinem In-der-Welt-Sein, welche sich in seinen Regungen zeigt.

Bewusstsein entwickelt sich niemals allein und von allein, sondern nur mit begegnendem Anderen. Begegnung impliziert, dass Regungen sich bei dem Lebewesen, dem etwas begegnet, verändern. Selbstbewusstsein entsteht, wenn das betreffende Lebewesen eine Kontingenz entdeckt zwischen seinem Vergleichen und Veränderungen seiner Regungen. Immer mehr Kontingenzen zu entdecken, ist ein Entfaltungsprozess, der nach und nach immer mehr Ordnung erfordert, sodass das Selbst bzw. der Prozess seiner Regungen immer strukturierter bewusst wird. Einem Lebewesen werden seine eigenen Regungen immer mehr bewusst, aber niemals die momentanen, sondern nur die vorangegangenen. Insofern ist das Selbst ein Prozess, dem der Prozess des Selbstbewusstseins stets hinterherhinkt. Vergleichen oder Unterschiede feststellen, ist dasselbe wie wahrnehmen, d.h. ohne Wahrnehmung kein Bewusstsein. Wahrnehmung ist aber immer mit einem Affekt verbunden, d.h. etwas macht das betreffende Lebewesen an und verändert seine Regungen, und das hat stets etwas damit zu tun, dass es in der Welt und daher mit anderen immer weiterleben will, bzw. dass es dadurch immer wieder zu Regungen kommt, die das Weiterleben mit anderen erhalten, fördern und unterstützen.

Bewusstsein entwickelt sich aus dieser Sehnsucht, mit anderen immer weiter zu leben, also aus dem psychisch-motivationalen Aspekt der Natur, der zuerst nur aus Affekten besteht, die antreiben, mit anderen weiterzuleben, und der sich dabei ebenfalls immer weiterentwickelt: Aus dem Verständnis bzw. der Bewusstheit des Affekts, der mit der Wahrnehmung verknüpft ist, entwickelt sich die Empfindung des Lebewesens von sich selbst, aus dem Verständnis bzw. der Bewusstheit der Empfindung das Gefühl der Erwartung und aus dem Verständnis bzw. der Bewusstheit des Gefühls und der Erwartung eine feinere Differenzierung des Affekts bezüglich der genaueren Unterschiede zwischen Erwartung und tatsächlicher Erfüllung. Auf diese Weise muss aus Bewusstsein Selbstbewusstsein werden, denn das Selbst bzw. alle Selbstprozesse lassen sich beschreiben als Empfindungen der Ergriffenheit von etwas, als Gefühl der entsprechenden Erwartung und als Affekte bei der Wahrnehmung von Übereinstimmungen und Unterschieden zwischen der Erwartung und dem tatsächlich Begegnenden. Der qualitative Sprung vom Bewusstsein zum Selbstbewusstsein und die Entwicklung des emotionalen Bereiches vom Affekt zur Empfindung zum Gefühl, wie eben dargestellt, vollzieht sich nur nach quantitativen Entfaltungen.

Wenn z.B. ein System von Bakterien sich derart vermehrt hat, dass zu viele Bakterien zu wenig Nahrung bekommen, dann sind sie in Gefahr zu verhungern. Erst als Einzeller Geißeln entwickelt hatten, kamen aktive Fortbewegungsmöglichkeiten ins Spiel, und Wahrnehmungsorgane wurden immer sinnvoller, die sich dann im nächsten Evolutionsschritt immer mehr differenzierten. Wenn man wahrnimmt, also vergleicht und in Beziehung zueinander setzt, bedeutet dies, dass man auch Kontingenzen zwischen eigener Wahrnehmung und eigener Bewegung entdecken kann, man wird von der eigenen Bewegung, vom eigenen Begreifen ergriffen und begreift so bewusst, man erwartet dann entsprechende Kontingenzen und nimmt Übereinstimmungen und Unterschiede wahr und ist so bei seinem Selbstprozess, d.h. der Schritt vom Bewusstsein zum Selbstbewusstsein ist damit zwangsläufig vollzogen, sodass man sagen kann, Bewusstsein wird immer zu Selbstbewusstsein. Bewusstsein ist die Fähigkeit, durch Vergleichen verschiedene Arten von Verbundenheit zu entdecken, und Selbstbewusstsein ist die entsprechende Fähigkeit, Arten von

Verbundenheit zwischen einem selbst und anderen oder anderem zu entdecken, und da alles miteinander verbunden ist, wird Bewusstsein immer mehr zu Selbstbewusstsein, je weiter es entwickelt ist und daher immer mehr von dieser generellen Verbundenheit entdecken kann. In seiner Vollkommenheit ist Bewusstsein Selbstbewusstsein.

## 3.1.  Das physische Selbstbewusstsein

Bei irgendeinem der nächsten Entwicklungsschritte, wahrscheinlich bei mehrzelligen Lebewesen mit immer mehr Bewegungs- und Wahrnehmungsmöglichkeiten, also einem hinreichend entwickelten Nervensystem, welches man dazu benötigt, mit entsprechenden Gedächtnisfunktionen, muss es den derart entwickelten Lebewesen aufgefallen sein, dass sie sich selbst bewegen und dabei Wirkungen erzielen konnten, d.h. sie entwickelten ein Selbstbewusstsein als Akteure. Vermutlich nahmen sie aufgrund von Kontingenzen zuerst bei ihresgleichen wahr, dass diese sich bewegten und dabei etwas bewirkten, und ebenfalls mithilfe ihrer Kontingenzentdeckungsfähigkeit übertrugen sie das auf sich selbst. Diese Entwicklungsstufe entspricht beim Menschen der des physischen Selbst, wie ich sie verschiedentlich schon beschrieben habe (Kolb, 2017a; Kolb, 2017b; Kolb, 2017c). Vor diesem Entwicklungsschritt waren Wahrnehmung und Aktivitäten nur reflexiv verbunden, es gab also nur den psychisch-motivationalen Aspekt bzw. die Psyche bei diesen Lebewesen und noch keine bewusste Verbindung, d.h. ohne einen geistig-idealen Aspekt bzw. den Geist. Es gab schon Betroffenheit, aber keine Selbstbetroffenheit. Bis dahin war ein Lebewesen nur Teil des Ganzen, und zwar in einem rhythmischen Wechsel aktiv und passiv bzw. reaktiv und initiativ, und erst jetzt, bildlich gesprochen durch das Schwert des Geistes, trennt es sich ab. Der Leib, der es psychisch als Teil des Ganzen war, wurde durch

entsprechende Erkenntnisse geistig in immer mehr Einzelteile
eines Körpers zerlegt, den man benutzen konnte, d.h. es wurde
immer mehr zur Monade im philosophischen Sinn (zum Unterschied von Leib und Körper siehe auch 5. Kapitel). Nur
durch Aktivitäten bzw. durch die Auseinandersetzung mit den
Gegensätzlichkeiten der Wirklichkeit konnte es wieder in
Kontakt mit anderen kommen bzw. zum Teil einer Dyade oder
einer Gemeinschaft werden.

Ab diesem Entwicklungsschritt besteht eine ständige
Spannung zwischen den beiden Aspekten Psyche und Geist,
die sich insbesondere darin zeigt, ob eine Aktivität reflexhaft
motiviert bzw. psychisch getrieben abläuft oder geistig angeregt bzw. bewusst, d.h. aufgrund eines Vergleichs. Psychisch
bestimmte Abläufe sind schneller, das ist möglicherweise ein
Vorteil, aber auch leicht vorhersehbar, was nachteilig sein
kann. Entsprechend umgekehrt ist es bei der geistigen Bestimmung, sodass Entscheidungen zwischen Geist und Psyche in
bestimmten Situationen sehr schwer sind. (Ich benutze hier
den Terminus „Situation" intuitiv, werde ihn aber exakter am
Ende von Kapitel 3.4. definieren.) Auf der momentanen Entwicklungsstufe geht es vor allem um die Entscheidung, ob man
schnell aktiv werden soll oder erst einmal passiv bleibt und
verschiedene Alternativen selbst-bewusst überlegt, also an-
schaulich ausgedrückt übereinanderlegt und vergleicht. Der
Gegensatz aktiv-passiv ist ja auch derjenige, um den es bei der
kindlichen Entwicklung des Bewusstseins auf der Ebene des
physischen Selbst geht (Kolb, 2017a).

Für das utopische Endziel der vollkommenen harmonischen Entfaltung muss es notwendigerweise von nun an um
die Überwindung des Gegensatzes bzw. der Spannung zwischen Psyche und Geist gehen. Daran muss sich sowohl die
Bewusstseinsentwicklung, als auch die später auftauchende
Vernunft, als auch jede Moral, alle Normen und Werte messen
lassen.

Ab der momentanen Evolutionsstufe, welche ich die des <u>physischen Selbstbewusstseins</u> nennen will, kann man die drei Modalitäten der Lebewesen, den Modus des Individuums als einzelne Lebewesen, den Modus des Genus als Lebewesen, die sich auf andere vor allem gleichartige Lebewesen beziehen (sei es auch nur durch Vergleich), und den Modus der Spezies als aktive Lebewesen, in Zusammenhang bringen mit den drei Aspekten Psyche, Geist (jeweils wie oben erklärt) und Materie, das ist der Aspekt, dass das betreffende Lebewesen etwas wahrnehmen kann, also der Aspekt des Gegensätzlichen, den ich auch das Körperlich-Materielle genannt habe (siehe ebenda). Für Lebewesen ab dieser Entwicklung ist die Materie erst einmal nur das Wahrnehmbare bzw. Unterscheidbare, bei dem man je nachdem etwas bewirken kann.

Wenn ein Lebewesen (gemeint sind ab hier alle Lebewesen, die auch bewusst aktiv sein können bzw. bei denen der Gegensatz aktiv-passiv aufgetaucht ist) etwas wahrnimmt, dann ist es in dem Sinne <u>Objekt der Materie</u>, als es von einem Gegensatz angemacht bzw. affiziert ist, sonst würde es diesen Gegensatz nicht wahrnehmen. Da dies bei allen anderen seiner Art genauso ist und es dies mithilfe seiner Entdeckungsfähigkeit von Kontingenzen bzw. Verbundenheit bewusst wahrnehmen und begreifen kann, befindet es sich <u>im Modus des Genus</u>. Wenn es dann bei anderen seiner Art etwas Ähnliches wahrnimmt, dass diese ebenfalls einen Affekt zeigen, also wahrnehmen, dann hat es subjektiv einen Bezug zu den anderen hergestellt, ist also Subjekt im Modus des Genus, und findet so auch einen Bezug zu sich selbst, und die Betroffenheit des Affekts ist zur Selbst-Betroffenheit der Empfindung geworden, es nimmt seine Regung wahr und begreift sie als eigene Regung, d.h. es erkennt und begreift sich selbst in diesem Sinne als bewegt bzw. motiviert durch die eigene Wahrnehmung und ist damit <u>psychisches Subjekt im Modus des Genus</u> gewesen. Wenn es so den Bezug zu sich selbst gefunden hat, dann ist es

im Modus des Individuums und aufgrund seiner Empfindungen (es hat sich dabei selbst gefunden), die es bewegen, ist es
gleichzeitig Objekt des psychischen Aspekts seines Wesens,
also Objekt der Psyche. Wenn es dann bewusst überlegt, statt
gleich reflexhaft von der Psyche bestimmt zu handeln, dann ist
es geistiges Subjekt im Modus des Individuums. Dies erzeugt
allerdings eine Spannung zum psychisch-motivationalen Aspekt, denn die reflexhafte Weise, aktiv zu werden, wird erst
einmal ausgebremst und die Empfindung der Freude, gleich
aktiv zu werden, gestoppt. Wenn es sich dann aufgrund geistiger Überlegungen erwartungsvoll vorfühlend – aus der Empfindung ist jetzt ein Gefühl z.B. das des Spaßes geworden – für
eine entsprechende Aktivität entscheidet, wird es Objekt des
Geistes im Modus der Spezies mit entsprechenden Gefühlen
und bei der Aktivität selbst dann materielles Subjekt im Modus
der Spezies, denn dabei ändert es etwas an bestimmten Gegensätzen, an welchen und wie weit, das nimmt es erst nach
der Aktivität wahr, wenn es deren Ergebnis als Objekt der Materie im Modus des Genus erhalten hat und wahrnimmt. Wenn
das Ergebnis nicht das erwartete ist, unterliegt das Lebewesen
einer Täuschung. Wahrnehmen, Begreifen, Erhalten, was man
erwartet hat, oder Täuschung (Tauschen ist ursprünglich Handeln, von einer Hand in die andere erhalten) sind körperliche
Erfahrungen, ursprünglich haptisch und basieren auf dem körperlich-materiellen Aspekt unseres Daseins.

Welche Rolle spielt nun das Bewusstsein bzw. der Be-
wusstseinsprozess, welcher das Lebewesen in die Lage versetzt, sich selbst bewusst als Akteur wahrzunehmen, und welchen Vorteil bietet es bzw. was kann es leisten? Sich selbst
bewusst als Akteur wahrzunehmen und zu begreifen, setzt ein
Gedächtnis für Aktivitäten (einschließlich deren Ergebnisse)
voraus, denn bewusst bedeutet, dass das betreffende Lebewesen Aktivitäten vergleichen und sich für eine entscheiden
kann, und da es nicht gleichzeitig alternative Aktivitäten aus-
üben kann, muss es ein Aktivitätsgedächtnis geben, welches

auf früheren Erfahrungen beruht, als das Lebewesen von einer Wahrnehmung affiziert in einer bestimmten Weise aktiv wurde und dadurch ein bestimmtes Ergebnis erhielt. Mit der Zeit gewinnt das Lebewesen immer mehr Einsicht, bei welchen Wahrnehmungen und Affekten eine bestimmte Aktivität gut passt, und weil ähnliche Situationen und ähnliche eigene Zustände mit ähnlichen Affekten verbunden sind, ist es effektiv, im Gedächtnis die Aktivitäten mit Affekten zu verknüpfen und bei bestimmten Affekten bestimmte passende Aktivitäten zu wählen. Der Affekt verbindet ja die Wahrnehmung der Situation mit dem eigenen aktuellen Zustand, sodass im Affekt sowohl die Gegebenheiten des betreffenden Lebewesens als auch die seiner Umgebung zum Ausdruck kommen. Es muss also eine Art Affektgedächtnis geben, von dem aus man auf das Aktivitätsgedächtnis Zugriff hat, um aus verschiedenen Aktivitäten, die zu dem jeweiligen Affekt passen, eine auszuwählen.

Der Vorteil einer bewussten Entscheidung liegt also darin, dass frühere Erfahrungen genutzt werden können, um Misserfolge zu vermeiden. Der Nachteil der langsameren Reaktion kann durch Lernen ausgeglichen werden, indem das betreffende Lebewesen sich bestimmte Relationen zwischen Affekten und einsichtig gewählten Aktivitäten als Reflexe einprägt. Man kann dies daher Lernen durch Prägung nennen. So kann diese Entwicklungsstufe des Bewusstseins durch Einsicht frühere Erfahrungen nutzbar machen, und durch Lernen werden die Ergebnisse der bewussten Einsicht dem psychisch-motivationalen Aspekt zugänglich gemacht und mit den anderen Reflexen integriert, d.h. die Spannung zwischen Seele und Geist wird immer geringer, da die Empfindung der Freude, Wirkungen zu erzielen, immer weniger gestört wird.

Die Beziehung zwischen den Lebewesen beschränkt sich auf das gegenseitige Wahrnehmen als unterschiedliche physische Akteure. Von der Logik aus betrachtet gibt es nur Bejahung oder Verneinung. Es gibt absolute Augenblicke, in

denen ein Lebewesen auf diesem Entwicklungsstand bewusst
wählen kann, aktiv oder passiv zu sein, und absolute Orte, an
denen es aktiv sein kann, d.h. unsere Struktur der Zeit wird von
ihm bei der Wahrnehmung nur als eine Menge isolierter Zeitpunkte und unsere Struktur des Raumes nur als eine Menge
von verschiedenen Raumpunkte verwendet. Bezüglich der
Wirkungen bzw. deren Wiederholungen gibt es nur Ja oder
Nein bzw. auf unser Zahlensystem übertragen nur die 1 und
die 0. Die Wahrnehmungsstruktur der Rhythmik bzw. der
Wiederholungen hat für das Lebewesen also nur diese beiden
diskreten Werte und damit nur grobe Regelmäßigkeiten.


3.2.   Das soziale Selbstbewusstsein

Gegensätze sind der Motor jeder Entwicklung, entweder ein System geht daran zugrunde, oder es entwickelt sich.
Neben dem Gegensatz Psyche und Geist spielt im Tierreich der
Gegensatz Raubtier und Beutetier für die Entwicklung des Bewusstseins, worum es in diesem Kapitel hauptsächlich geht,
eine hervorragende Rolle. Wenn in einem System von Raub-
und dazu passenden Beutetieren beide die Evolutionsstufe des
physischen Selbstbewusstseins erreicht haben, und die Raubtiere ihre Beute jeweils beobachten, also bewusst wahrnehmen
und ihre verschiedenen eigenen Aktivitäten mit vorausgehenden Situationen in einen Zusammenhang bringen, dann können sie sich bei der Jagd einen Vorteil verschaffen, wenn sie
diese Informationen berücksichtigen und für sich nutzen.
Ein Bezug zu vorausgehenden Situationen bedeutet,
dass diese Raubtiere Bedingungen für bestimmte Erfolge ihrer
eigenen Aktivitäten annehmen, z.B. wenn ein Beutetier zu einer Wasserstelle geht, dass es dann gleich trinken wird und
stillhält, und das kann eine gute Gelegenheit sein, Beute zu
machen. Es nimmt die Situation bewusst wahr als Objekt der
Materie, begreift als psychisches Subjekt durch Vergleich,

welche Bedingung erfüllt sein muss, was eine Empfindung auslöst. Wenn es dann mit entsprechendem Affekt, der z.B. mit einer Jagdaktivität verknüpft ist, die Gelegenheit wahrnimmt, wird es aktiv. Damit dies alles bewusst ablaufen kann, damit also Vergleiche möglich sind, braucht das betreffende Raubtier ein Empfindungsgedächtnis, welches es in Alarmbereitschaft versetzt, wenn eine Bedingung erfüllt ist, ein Bedingungsgedächtnis und folgende Verbindungen zwischen den verschiedenen Gedächtnisarten: Das Raubtier nimmt etwas wahr, z.B., dass ein Beutetier sich der Wasserstelle nähert. Frühere Erfahrungen haben das Affektgedächtnis des Raubtiers aufgrund erfolgloser Jagdaktivitäten derart verändert, dass der mit der Wahrnehmung dieser Situation verbundene Affekt mit keiner Aktivität mehr verknüpft ist. Dieser Affekt, der ursprünglich mit einer Form des Herangehens (lat. aggredi) verbunden war, wandelt sich infolge der Selbst-Betroffenheit in eine Empfindung um, vermutlich in die der Wut, weil Bedingungen für das Beute-Fressen nicht erfüllt sind. Das Empfindungsgedächtnis muss nun mit dem Bedingungsgedächtnis derart verknüpft sein, dass die betreffende Empfindung darauf hinweist, dass eine bestimmte Vorbedingung erfüllt sein muss, sodass die mit der Empfindung verbundene erhöhte Aufmerksamkeit bzw. Alarmbereitschaft Sinn macht, damit die zu erfüllende Bedingung schnell wahrgenommen wird und der entsprechende Affekt die Jagdaktivität beispielsweise auslöst. Die Kette der Verbindungen geht also vom Empfindungsgedächtnis zum Bedingungsgedächtnis zum Affektgedächtnis zum Aktivitätsgedächtnis, wobei die ersten beiden Verbindungen aufgrund der bewussten Berücksichtigung von Bedingtheiten entstanden sind. Für das subjektiv Gewünschte braucht es objektiv gegebene Bedingungen, sodass wir hier in diesem Sinn den Gegensatz objektiv-subjektiv vor uns haben. Weil hier die soziale Beziehung zwischen Beute- und Raubtier die zentrale Rolle spielt, und weil bei der kindlichen Entwicklung sich in ähnlicher Weise durch Berücksichtigung von Bedingungen das Selbstbewusstsein entwickelt und diese Entwicklungsstufe beim Kleinkind die des sozialen Selbst genannt wird (siehe ebenda), will ich diese Evolutionsstufe die des sozialen Selbstbewusstseins nennen. Dieses soziale Selbstbewusstsein entwickelt sich, sobald bestimmte Änderungen im Affektgedächtnis zu Selbst-Betroffenheit und Umwandlungen von Affekten in Empfindungen führen.

Auch hier kann durch beständiges Lernen durch rücksichtsvolles Begreifen von Bedingungen, ob sie erfüllt sind oder nicht, der bewusste und damit geistige Prozess durch Gewöhnung, also Lernen durch Habituation, immer mehr automatisiert werden und wie beim physischen Selbstbewusstsein so die Spannung zwischen Psyche und Geist, die sich beispielsweise in der Empfindung der Wut zeigt, wieder geringer werden, und dadurch wird der Gegensatz objektiv-subjektiv genauso wie der zwischen aktiv und passiv entsprechend immer besser überwunden.

Von der Beziehung her nehmen sich Beute- und Raubtier aufeinander bezogen und in diesem Sinne als soziale Wesen wahr, und das Raubtier nimmt Rücksicht auf die Aktivitäten seiner Beute, damit es sie fressen kann. Es hat sein Opfer „zum Fressen gern". In vielen sogenannten primitiven Kulturen symbolisiert eine derartige Beziehung eheliche Verbindungen. Indem Bedingungen als Hinweiszeichen angenommen werden, liegt damit eine wichtige Voraussetzung für die Entwicklung von Kommunikation und Sprache vor. Es gibt bei der Menge absoluter Augenblicke, in denen das Raubtier erfolgreich aktiv sein kann, eine Aneinanderreihung, bei denen sich diese Augenblicke mehr oder weniger häufig wiederholen (z.B. wie oft hintereinander verschiedene Beutetiere zur Wasserstelle kommen), und bei der Menge absoluter Orte Teilmengen von Orten, an denen es erfolgreich aktiv sein kann, und andere Teilmengen von Orten, an denen das nicht so funktioniert (z.B. an der Wasserstelle ist es leicht, Beute zu machen, in der offenen Landschaft nicht), d.h. die Struktur der <u>Zeit</u> wird von ihm bei der Wahrnehmung schon als eine Menge teilweise zusammenhängender und dabei diskret aneinandergereihter Zeitpunkte und die Struktur des <u>Raumes</u> schon als eine Menge mit klassifizierten Teilmengen verschiedener Orte verwendet (die „Mengenlehre" des Raubtieres hat schon gewisse mathematische Qualitäten). Bezüglich der Wirkungen und Wiederholungen, also der Rhythmik hat es die Regel des Nachfolgenden begriffen, es kann nun zu zählen beginnen und kann sich so immer mehr die <u>Menge der natürlichen Zahlen</u> (Arithmetik, das Rechnen mit Zahlen, und Rhythmik sind wortverwandt) erschließen und <u>induktiv schlussfolgern</u>, wo etwas im Allgemeinen herkommt. Die <u>Struktur der Rhythmik</u> bekommt für das Raubtier bei dessen Wahrnehmung schon bestimmte Wiederholungsmuster und damit <u>feinere Regelmäßigkeiten</u>.

## 3.3.   Das teleologische Selbstbewusstsein

Früher oder später ziehen die Beutetiere in ihrer mentalen Entwicklung nach, wenn sie nicht untergegangen sind, und berücksichtigen ebenfalls, dass es für sie gefährliche Situationen gibt, bei denen sie besonders aufpassen und vorsichtig sein müssen. Besondere Vorsicht heißt, dass sie aufgrund früherer Erfahrungen, bei denen ein Affekt sie zu einer gefährlichen Aktivität geführt hat, selbstbetroffen und bewusst zukünftige Möglichkeiten in Bezug darauf miteinander vergleichen, ob diese für sie gefährlich sein könnten. Der entsprechende Affekt blockiert als Schreckstarre den Zugang zu der ursprünglichen Aktivität und hat sich dabei in ein Gefühl der Erwartung von Gefahr umgewandelt. Die Entwicklung des Bewusstseins der Beutetiere geht hier sogar noch einen Schritt weiter, indem sie zukünftige Möglichkeiten miteinbeziehen. Gefährlich ist eine Möglichkeit dann für sie, wenn sie eine entsprechende Erwartung bzw. ein entsprechendes Gefühl der

Furcht bei der Vorstellung dieser Möglichkeit bzw. der Erinnerung daran und die entsprechende Empfindung der Angst haben. Sie brauchen daher noch ein Gefühlsgedächtnis, sodass die Wahrnehmung einer Situation, nachdem der entsprechende Affekt nicht mehr zu passenden sich u.U. schon gut eingeprägten Aktivitäten führt, sondern sich in bestimmte Gefühle von Furcht umwandelt (was das Psychisch-Motivationale erst einmal bremst und Spannung zwischen Geist und Psyche aufbaut), die sie auf entsprechende Möglichkeiten aufmerksam machen, die auf sie zukommen können, sodass sie sich besser vorsehen bzw. schützen können. Damit geht die Verbindungskette vom Empfindungsgedächtnis zum Bedingungsgedächtnis zum Affektgedächtnis zum Aktivitätsgedächtnis zum Gefühlsgedächtnis zum Möglichkeitsgedächtnis. Jetzt fehlt nur noch die Verbindung vom Möglichkeitsgedächtnis zum Empfindungsgedächtnis, und die Kette ist zum Kreis geschlossen.

Eine Gefahr ist ein plötzlicher Einbruch, eine Diskontinuität, wo vorher noch alles ganz kontinuierlich abgelaufen ist. Wir haben es hier also mit dem Gegensatz kontinuierlich-diskontinuierlich zu tun, und Aktivitätsketten, die geschickt und kunstfertig so aufgebaut sind, dass das Ergebnis der einen Aktivität die Bedingung für die nächste darstellt, können jäh abgebrochen werden. Das Telos bzw. Ziel der einen Aktivität ist die Grundlage für die nächste, sodass sich dem Beutetier immer mehr Möglichkeiten erschließen können. Insofern möchte ich diese Entwicklungsstufe des Bewusstseins die des teleologischen Selbstbewusstseins nennen. Dies entspricht der Entwicklungsebene des teleologischen Selbst bei Kindern (Kolb, 2017a). Das teleologische Selbstbewusstsein entwickelt sich, sobald bestimmte Änderungen im Affektgedächtnis zu Selbstbetroffenheit und Umwandlungen von Affekten in Gefühle führen.

Indem solche Aktivitätsreihen immer mehr eingeübt werden, wodurch die Beutetiere sich selbst auch immer mehr insgesamt absichern, laufen sie immer routinierter ab und werden so durch Lernen als klassische Konditionierung immer mehr im Psychisch-Motivationalen integriert, sodass die Spannungen zwischen Psyche und Geist sich wieder verringern.

Beziehungsmäßig sind die Beutetiere aufeinander dadurch noch zusätzlich bezogen, dass sie einander beobachten, ob Gefahr droht, und auf kleinste Zeichen von Regungen eines anderen, was auf eine Gefahr hinweist, reagieren sie. Sie geben einander noch nicht absichtlich Warnzeichen, fassen aber bestimmte Regungen als solche voneinander auf. Sie reagieren also auf Äußerungen des anderen, indem sie ihn imitieren, sodass man dies schon als den Keim einer Kommunikation innerhalb einer Art betrachten kann. Emotionen bzw. Affekte auf dieser Entwicklungsebene werden übersetzt oder ausgedrückt in Regungen und durch Imitation zurückgespiegelt zum ausdrückenden Tier, welches jetzt die Gelegenheit bekommt, seine eigenen Emotionen durch den Ausdruck des anderen zu verstehen. Dies ist eine Art „lingua franca" zwischen Lebewesen. Das Beziehungsmäßige geht aber noch weiter, denn um die wichtigen Äußerungen des anderen besser wahrnehmen zu können, schließen sich Tiere mit einem derartig entwickelten Bewusstsein zu Schwärmen oder Herden zusammen, was einen noch größeren Schutz bietet.

Es gibt bei der Menge der Zeitpunkte ein Vorher, ein Jetzt und ein Nachher bzw. einen Anfang, ein Dazwischen und ein Ende, wodurch diese Zeitpunkte miteinander verbunden sind, sodass sie nicht mehr absolut sind und es eine Herkunft und eine Zukunft gibt, und bei der Menge der Orte gibt es Richtungen, wohin verschiedene spezifische Aktivitäten führen können, d.h. unsere Struktur der Zeit wird von einem Tier auf dieser Evolutionsstufe bei der Wahrnehmung schon als eine Menge teilweise voneinander abhängiger Zeitpunkte und unsere Struktur des Raumes schon als eine Menge mit von ihm strahlenförmig ausgehender Richtungen zu verschiedenen Orten verwendet (mathematisch kann man schon von Vektoren oder besser von Strahlen sprechen, diese sind allerdings nicht umkehrbar und besitzen noch keine Länge, man erhält also noch nicht die Struktur eines Vektorraums, sondern die eines Strahlenraums). Bezüglich der Wirkungen und Wiederholungen hat ein Tier die Regel des Vorher und Nachher bzw. des Mehr und Weniger begriffen, es kann prinzipiell beginnen, zu addieren und zu subtrahieren (wenn es vorher zwei Bananen hatte und dann zwischendrin eine frisst, wird es nachher nur noch die Möglichkeit haben, eine Banane zu fressen) und kann sich so mathematisch ausgedrückt immer mehr den Ring der ganzen Zahlen erschließen und deduktiv schlussfolgern, wo etwas im Speziellen vom Ablauf her hinführt. Die Struktur der Rhythmik bekommt für das Tier bei dessen Wahrnehmung neben den Wiederholungsmustern auch Ergänzungs- bzw. Erwartungsmuster.

## 3.4.   Das intentionale Selbstbewusstsein

Auch die Raubtiere müssen nun in der Entwicklung nachziehen, damit sie nicht verhungern. Dabei wird für sie das Möglichkeitsgedächtnis zu einem Planungsgedächtnis, d.h. mit den Aktivitätsketten, die erwartungsvoll mit entsprechenden Gefühlen geplant und kunstfertig eingeübt wurden, beabsichtigt das jeweilige Raubtier, Beute zu machen und zu fressen, und solange der u.U. schmerzhafte Affekt der Spannung (auf Lateinisch „intentio") anhält, ob das gelingt, empfindet es das Leid seines eigenen und individuellen Getrennt-Seins von seinem Ziel und bemerkt dadurch seine Empfindung der Sehnsucht. Somit gibt es eine Verbindung vom Planungsgedächtnis zum Empfindungsgedächtnis, und der Kreis der Verbindungen zwischen den verschiedenen Gedächtnisarten ist geschlossen. Ich habe dies bei Kindern den Kreis des klugen Handelns genannt (Kolb, 2017a).

Wenn ein Tier, dessen Bewusstheit sich bis zu dieser Stufe entwickelt hat, etwas wahrnimmt, dann hat es die bewusste Einsicht, ob eine bestimmte Aktivität passt. Wenn nicht, dann hat sich der entsprechende Affekt teils in ein Gefühl der Vorsicht, teils in eine Empfindung der Wut umgewandelt. Vorsicht und Wut vermitteln den Affekt einer Spannung, der das Raubtier mit dem Gefühl der Hoffnung nach Möglichkeiten von Aktivitätsketten und mit entsprechenden Empfindungen der Sehnsucht nach notwendigen Bedingungen dafür suchen lässt. Dies schließt die Lücke zwischen Möglichkeitsgedächtnis und Empfindungsgedächtnis, da Möglichkeiten sich mit Sehnsucht verbinden. Die Sehnsucht kann dabei in eine Empfindung von Leid umschlagen und die Hoffnung in ein Gefühl der Trauer. Begehren und Berücksichtigen sind miteinander verschränkt, was Heidegger Sorge nennt (Heidegger, Sein und Zeit, 2006) und Aristoteles Denken und Begehren (Aristoteles, 1985). Bei uns Menschen sind diese Fähigkeiten allerdings noch viel weiterentwickelt.

Eine genügend große Aussicht auf Erfolg lässt das Tier herausfinden, welche Bedingungen dabei berücksichtigt werden müssen. Die Wahrnehmung davon, welche Bedingungen noch nicht berücksichtigt bzw. erfüllt sind, führt zu einer neuen, meist klügeren Ansicht, die einen Affekt auslöst, der u.U. zu einer Aktivität führt, dass eine bestimmte Bedingung und nach weiteren derartigen Schritten immer mehr notwendige Bedingungen schließlich erfüllt sind. Dabei wird dieser zirkuläre Ablauf manchmal mehrmals durchlaufen, bis alle diese Bedingungen erfüllt sind. Wir begegnen hier also dem Gegensatz linear-zirkulär, d.h. manchmal führt etwas geradlinig zum Ziel, manchmal muss man öfter wieder von vorne beginnen. Dabei kann es bis zum Ende spannend bleiben, ob die Absicht erreicht wird oder nicht. Daher möchte ich diese Entwicklungsstufe des Bewusstseins die des intentionalen Selbstbewusstseins nennen. Dies entspricht der Entwicklungsebene des intentionalen Selbst bei Kindern (Kolb, 2017a). Das intentionale Selbstbewusstsein entwickelt sich, sobald zwischen Empfindungen und Gefühlen eine Spannung (lat. Intentio = Spannung) entsteht bzw. diese den Affekt einer Spannung vermitteln. Das Affektgedächtnis verbindet bzw. vermittelt zwischen Empfindungs- und Gefühlsgedächtnis, und es gilt allgemein, dass zwischen allen der emotionalen Gedächtnisarten ein absolut dialektisches Verhältnis besteht, d.h. zwei vermitteln das dritte und dieses zwischen den beiden anderen, sodass das Affektgedächtnis bedeutungsmäßig nicht mehr hervorsticht, sondern alle drei das Verhalten eines Tieres auf dieser Stufe gleichermaßen beeinflussen. Insgesamt kann man sie zusammenfassen als das emotionale Gedächtnis.

Während bei den früheren Entwicklungsstadien entsprechende Erfahrungen oder eigene Zustände nur den Affekt und dadurch das Gedächtnis beeinflusst haben, wird auf dieser Entwicklungsebene das Gedächtnis erstmals durch sich selbst verändert, nämlich durch die Spannung zwischen Empfindungen und Gefühlen. Diese Eigendynamik macht es ebenfalls erstmals möglich, dass Gedächtnisinhalte, die bislang alle implizit gewesen sind, explizit werden können. Dies betrifft aber nur emotionale Inhalte. Weil explizite Gedächtnisinhalte verglichen werden können, werden sie bewusst, und Tiere auf diesem Entwicklungsniveau erscheinen uns auch deshalb klug.

Indem plan- und absichtsvolle Aktivitäten immer öfter ausgeführt werden, selbst wenn sie nicht immer erfolgreich sind, führt dies durch <u>Lernen</u>, in diesem Fall <u>operante Konditionierung mit intermittierender Verstärkung</u>, zu einer Beruhigung der Psyche, d.h. Anspannung, Leid oder Trauer bei Misserfolgen werden immer geringer, da die Zuversicht wächst, dass es schon oft genug klappen wird. So vermindern sich auch die Spannungen zwischen Geist und Psyche, und der Gegensatz linear-zirkulär wird immer besser überwindbar.

Da ihre Beutetiere sich zum Schutz in Herden zusammengetan haben, kommen die Raubtiere ebenfalls auf immer engerem Raum zusammen, sodass systemisch betrachtet eine kritische Dichte überschritten wird und sie sich entweder im Konkurrenzkampf zerfleischen oder sich zu Jagdgemeinschaften organisieren. Sie verbünden sich dann und helfen sich gegenseitig zumindest kurzfristig und übernehmen bei der Jagd auch unterschiedliche Rollen mit der Zeit. Äußerungen bzw. Aktivitäten, das war ja schon auf der teleologischen Ebene des Selbstbewusstseins der Fall, werden als Hinweise betrachtet, aber bei der Jagd mit verschiedenen Rollen von demjenigen, der sich so äußert, auch absichtlich als Hinweise eingesetzt. Schimpansen, unsere nächsten Verwandten im Tierreich, verständigen sich absichtsvoll mit Gesten, und man kann ihnen die Gebärdensprache beibringen. Aber ihre Sprache und absichtliche Kommunikation gehen über das Zeichenhafte nicht hinaus, es werden nur momentane Wünsche und direkte Befehle ausgetauscht und es gibt keine bewusste Symbolik wie bei einer voll entwickelten menschlichen Sprache.

Von der Logik her ist einem derart entwickelten Bewusstsein die ganze Boolesche Logik erschlossen. Mit der Abschätzung, wieviel bis zum Erreichen seines Ziels noch fehlt, sind ihm Entfernungen und Zeiträume und damit die reellen Zahlen prinzipiell erschlossen. Es gibt bei der Struktur der Zeit eine gewisse Zeitdauer, wodurch verschiedene Zeitpunkte verbunden sind, sodass die Zeit einen bestimmten teilweise lückenlosen Verlauf besitzt, und bei der Menge der Orte gibt es Richtungen, wohin verschiedene spezifische Aktivitäten führen können bzw. was auf das Tier zukommen kann, d.h. unsere Struktur der Zeit wird von ihm bei der Wahrnehmung schon als Verlauf mit einer gewissen Dynamik und Rhythmus wahrgenommen (das Tier spürt bei der Spannung, ob etwas klappt, seinen Herzschlag und kann so den Puls der Zeit wahrnehmen) und unsere Struktur des Raumes schon als eine Menge von umkehrbaren Vektoren, die unterschiedliche Längen besitzen, da es schon verschiedene Entfernungen zu seinen Zielen unterscheidet, zu denen es hin-, die aber auch auf es zukommen können (mathematisch kann man daher schon von der Struktur eines Vektorraums aber noch nicht von einer vollständigen Geometrie sprechen, weil das Tier immer noch der absolute Mittelpunkt im Raum ist).

Bezüglich der Wirkungen und Wiederholungen hat es schon einen Begriff der Messbarkeit, es kann Entfernungen und Zeitdauer unterteilen bzw. einteilen, also rationieren, sodass mathematisch ausgedrückt zuerst die rationalen Zahlen erschließbar sind und durch die Vervollständigung der Metrik, die sich aus unendlich kleinen Unterteilungen ergibt, schließlich auch die gesamten reellen Zahlen mit den Zwischenräumen zwischen den rationalen Zahlen. Die Wahrnehmungsstruktur der Rhythmik hat für das Tier bei dessen Wahrnehmung neben den Wiederholungs- und Erwartungsmustern auch Maße bzw. eine Metrik von Rhythmen. So können Raubtiere, die gemeinschaftlich jagen, ihre Aktivitäten immer genauer aufeinander abstimmen. Die Strukturen des Raumes, der Zeit und der Rhythmik sind aber noch nicht derart zusammenhängend wie bei einem erwachsenen Menschen, es gibt nur zusammenhängende Episoden von Rhythmen in Raum und Zeit, die vom Auftauchen einer Absicht bis zu deren Erfüllung oder frustrierten Abkehr reichen, und entsprechend ist auch die Wirklichkeit strukturiert, es gibt nur zielgerichtete Wirkungen für das Tier, und ohne ein Ziel interessiert es sich nicht für die Wirklichkeit. Auf dieser Entwicklungsstufe kann ein Lebewesen bewusst Situationen mithilfe von Erinnerungen wahrnehmen bzw. voneinander unterscheiden und selbst Situationen konzeptualisieren. Eine Situation ist ein raumzeitlich bezüglich eines Zieles begriffener Zusammenhang, in dem ein Lebewesen innerhalb bestimmter räumlicher und zeitlicher Grenzen bzw. Horizonte materielle Gegensätze unterscheiden bzw. wahrnehmen, Aussichten beurteilen (was auf es zukommen kann) und praktische Zusammenhänge sowohl induktiv als auch deduktiv, als auch conduktiv schlussfolgernd sich erschließen kann, wo etwas im Allgemeinen herkommt, wohin etwas im Speziellen hinführen und womit man im Einzelnen zusammengeführt werden kann. Situationen, die Tiere wahrnehmen oder begreifen können, sind begrenzt durch ihre Ziele, während Menschen Situationen ohne irgendein bestimmbares Ende wahrnehmen oder begreifen können, nämlich Situationen mit einem unbekannten Ziel, z.B. die vollständige Situation des Universums, wie sie es begreifen. Menschen können ihre gesamte Lebenssituation wahrnehmen und begreifen, z.B., dass sie einmal sterben werden, Tiere aber nicht.

### 3.5. Das menschliche Selbstbewusstsein

An dieser Stelle endet die Entwicklung des Bewusstseins im Tierreich und entwickelt sich nur noch bei uns Menschen weiter auf der Stufe des repräsentationalen Selbst, wie von mir in den schon zitierten drei Büchern jeweils etwas unterschiedlich beschrieben. Worauf ich dort allerdings nicht eingegangen bin, ist die Frage, wie man es sich erklären kann, wie und warum die Bewusstseinsentwicklung überhaupt weitergegangen ist. Hätte die Evolution nicht bei den durchaus klugen Affen bleiben können? Was könnte ein Grund in Bezug auf das Telos der vollkommenen harmonischen Entfaltung gewesen sein, dass das Selbstbewusstsein auf dem Niveau von Schimpansen nicht stehengeblieben ist?

Menschen haben sich stärker vermehrt als Affen, sodass sie sich weiterentwickeln mussten, die Frage ist nur in welcher Hinsicht bzw. warum in Bezug auf das Selbstbewusstsein. Diese Frage lässt sich m.E. am besten beantworten, wenn man die Probleme betrachtet, die sich durch die Vermehrung ergeben haben. Wenn ich mich des abstrakt-beurteilenden Denkens à la Heidegger bediene mit Vor-Habe, Vor-Sicht und Vor-Griff (Heidegger, Sein und Zeit, 2006), dann kann ich von folgendem Vor-Wissen ausgehen: Nimmt man z.B. die biblische Sündenfall-Geschichte mit der Vertreibung aus dem Paradies, bei der die ersten Menschen als Mann und Frau, also als geschlechtliche Wesen, vom Baum der Erkenntnis verbotene Früchte aßen, dann lässt sich dies mit einiger Vor-Sicht so interpretieren, dass es hier ein Problem mit dem Geschlechtsverkehr zwischen Mann und Frau gab. An mehreren Stellen in der Bibel wird nämlich der Begriff des Erkennens in der Bedeutung von Geschlechtsverkehr benutzt.

Bezüglich des Geschlechtlichen gibt es vom Biologischen her fünf gravierende Unterschiede zwischen Affen und Menschen, aus denen sich mit einiger Vor-Sicht weitere Vermutungen herausziehen bzw. abstrahieren lassen: (1) Männliche Menschen haben mit Abstand den längsten Penis von allen Primaten; (2) weibliche Menschen bekommen schon in der Pubertät ausgeprägte Brüste als sekundäre Geschlechtsmerkmale und nicht wie bei weiblichen Affen erst dann, wenn sie schwanger sind; (3) bei Affen ist die Zeit der Fruchtbarkeit deutlich von außen zu erkennen, bei Menschen überhaupt nicht; (4) ab einem bestimmten Alter sind weibliche Menschen nicht mehr fruchtbar, während weibliche Affen dies bis zu ihrem Tod bleiben; (5) Menschen haben ein Schamgefühl, den Geschlechtsakt öffentlich zu vollziehen, Affen überhaupt nicht. Aus (1) und (2) kann man schließen, dass beide Geschlechter aufeinander aufmerksam machen wollen und Werbung dafür machen, dass man mit ihnen jeweils den Geschlechtsverkehr vollzieht, der nach (3) und (4) nicht ausschließlich der Fortpflanzung dienen muss, sondern auch aus reinem Vergnügen, aus reiner Lust angestrebt wird. Wegen (5) aber scheint es ein Problem damit zu geben, weil man die Öffentlichkeit scheut, der Geschlechtsverkehr scheint eine verbotene Frucht zu sein, wenn ich die Sündenfall-Geschichte mit hinzunehme. Aus dem Paradies wurden wir wohl wegen zu viel Sex und daraus folgender Überbevölkerung vertrieben.

Bei vielen verschiedenen Tierarten gibt es Auseinandersetzungen darüber, wer sich fortpflanzen darf und wer

nicht. Meistens sind es die Männchen, die dies im Konkurrenzkampf untereinander austragen, wobei der Wettbewerb sowohl
duellartig mit gegenseitigen Verletzungen stattfinden kann o-
der im Erbringen großartiger Leistungen besteht, die die anderen Männchen oder die Weibchen beeindrucken sollen. Entweder gewinnt der Stärkste („the fittest") oder der Attraktivste
(„the most charming"). Bei uns Menschen, vermute ich in einem gewagten Vor-Griff, kam es dabei zu folgendem Problem:
Da Menschen sich zu einer immer klügeren und damit erfolgreicheren Art entwickelten, vermehrten sie sich derart stark,
dass sie aus ihrem Herkunftsgebiet teilweise auswanderten
und sich schließlich mehr oder weniger schnell über die ganze
Erde ausbreiteten, was ihnen aufgrund ihrer großen Anpas-
sungsfähigkeit gut gelang. Wir haben es hier wieder einmal
mit stetigen Entfaltungsprozessen zu tun, die naturwissenschaftlich erklärbar sind. In den verschiedenen Gebieten der
Erde herrschten sehr unterschiedliche Bedingungen, sodass
bei Wanderungen je nach Umgebung unterschiedliche Fähigkeiten und Fertigkeiten einem männlichen Menschen einmal
zum Geschlechtsverkehr verhalfen und einmal nicht – hier
droht Chaos und verlangt nach einer weiterentwickelten Harmonie –, und wenn man sich in einer Gegend mit Nahrungsüberfluss befand, dann wollten sich die weiblichen Menschen
am liebsten den Charmantesten hingeben und taten dies auch
heimlich, womöglich mit entsprechender weiblicher Finesse.
Dies passt dann zur Sündenfall-Geschichte, dass ausgerechnet
in einer Art paradiesischen Gegend mit Nahrungsüberfluss
eine schöne Eva einen attraktiven Adam dazu verführte, heimlich die verbotene Frucht der Erkenntnis bzw. des Geschlechts-
verkehrs zu genießen. Wenn sie dann erwischt wurden, gab es
großen Ärger, und sie waren mit der Gefahr konfrontiert, aus
der Gemeinschaft ausgestoßen zu werden, so wie Adam und
Eva aus dem Paradies vertrieben wurden.

  Die Sündenfallgeschichte weist aber noch auf etwas
Anderes hin, nicht nur auf menschliche Unzulänglichkeiten

wie hier im sexuellen Bereich: Die Unzulänglichkeiten wurden den Betreffenden nicht persönlich übelgenommen, sie mussten aber eine Wiedergutmachung dafür leisten (harte Arbeit für Männer, Kinder gebären trotz großer Schmerzen für Frauen), insbesondere ihre Schuld eingestehen und ihren Sinn ändern, d.h. lernen, wie man sich anders verhalten kann. Nur wer selbst sich schuldig gemacht hatte, oder wer verstand, dass er oder sie selbst jederzeit schuldig werden konnte, hatte genug Motivation, entsprechend anderes Verhalten zu lernen. Hätte man Menschen aus der Gemeinschaft ausgestoßen und sie so der Vernichtung preisgegeben, sobald sie nur einmal sich etwas zuschulden hätten kommen lassen, hätte sich bei ihnen niemals derart umsichtiges Verhalten durch entsprechendes Lernen entwickeln können. Auf der einen Seite ist also das Verzeihen bzw., dass niemandem etwas persönlich übelgenommen wurde, und auf der anderen Seite das gegebene und gehaltene Versprechen, seine Fehler wiedergutzumachen und aus ihnen zu lernen, die Basis für ein harmonisches und somit gelingendes Miteinander – gelingend im Hinblick auf das grundlegende Ziel der vollkommenen harmonischen Entfaltung. Diese Art des Verzeihens, jemandem etwas nicht persönlich übelzunehmen, und Versprechen zu geben und zu halten, wäre in seiner jeweiligen utopischen Vollkommenheit gleichbedeutend mit der vollkommenen Liebe, wie ich hier am Ende des sechsten Kapitels zeigen werde. Gleichzeitig wäre die vollkommene Liebe auch die Lösung der beiden zentralen Probleme des zwischenmenschlichen Handelns, nämlich der Unwiderruflichkeit und der Unabwägbarkeit jeglichen Handelns zwischen Menschen. Hieraus wird ebenfalls ersichtlich, dass die vollkommene Liebe und die vollkommene harmonische Entfaltung im Menschlichen dasselbe bedeuten.

Dass die Entwicklung von immer mehr Liebesfähigkeit, also das Verzeihen und das Versprechen-Geben-und-Halten, die entscheidenden Probleme im Zwischenmenschlichen löst und somit für ein höheres Ordnungsniveau, mehr Vorher-sehbarkeit und mehr Problemlösemöglichkeiten sorgt, ist klar, aber wieso war es wahrscheinlich, dass sich diese Entwicklung wirklich ergeben hat? Vermutlich lag es daran, dass Menschen als sehr erfolgreiche Art sich schneller vermehrten, als sie sich über die Erde verteilen konnten, sodass aufgrund ihrer Bevöl-kerungsdichte im Verhältnis zu den zur Verfügung stehenden Ressourcen sich die Notwendigkeit einer derartigen Entwick-lung ergab, damit man nicht unterging.

Wieso es zu dieser starken Vermehrung kam bzw. wodurch Menschen zu einer sich derart erfolgreich vermeh-renden Art wurden, lässt sich vielleicht so erklären: Aufgrund des Unterschieds zu anderen Primaten, dass Frauen ab einem bestimmten Alter unfruchtbar wurden, machten diese sich dadurch nützlich, wahrscheinlich erst einmal angetrieben durch die trotz ihrer Unfruchtbarkeit immer noch mütterlichen Neigungen, um nicht zu sagen Gewohnheiten, indem sie ande-ren Müttern bei der Versorgung ihrer Kinder halfen und dazu größere Frauengemeinschaften bildeten. Dadurch konnten der-art unterstützte Mütter alle zwei bis drei Jahre Kinder bekom-men und sich so wesentlich schneller vermehren als alle ande-ren Primaten, die erst ein Junges groß bekommen mussten, be-vor sie ein weiteres versorgen konnten.

Bei der gemeinsamen Kinderversorgung musste sich die gegenseitige Verständigung und damit auch die Sprache deutlich weiterentwickeln, man gab sich nicht nur gegenseitig Befehle wie z.B. Schimpansen bei der Jagd, beim Sammeln, bei der Verteidigung oder bei anderen Tätigkeiten, sondern tauschte sich darüber aus, was man bei den Kindern gesehen und begriffen hatte, wie man entsprechende Geschehnisse be-urteilte, und welche praktischen Erfahrungen man dabei schon gemacht hatte. So ist das sprachliche Denken schon immer Frauensache gewesen, während Männer beim Jagen und Sam-meln meist über räumliches Denken gelernt haben, Probleme zu lösen.

Gleichzeitig wuchs unter den Frauen die gegenseitige Hilfsbereitschaft immer mehr, was sich über die Kindererziehung, die von diesen Frauen gemacht wurde, schließlich auch auf die Kinder übertrug, die bei der Versorgung jüngerer Geschwister assistierten, sodass Menschen heute allgemein wesentlich hilfsbereiter und weniger egoistisch sind als alle anderen Primaten. Diese Hilfsbereitschaft tritt bei Kindern schon auf der Entwicklungsebene des intentionalen Selbst zu Tage, wenn sie die Absichten von anderen erschließen können, sodass sich hier schon Mensch und Tier unterscheiden. Diese Verhaltensweise, die oft unwillkürlich geschieht, machte Menschen auch verzeihlicher, sodass sie andere, die sich durch ein Fehlverhalten außerhalb der Gemeinschaft befanden, barmherzig bei einer Reintegration in die Gemeinschaft unterstützten, und die Gestrauchelten waren eher bereit, sich zu entschuldigen und Wiedergutmachung zu leisten. Wer aber zu aggressiv war und anderen zu vieles persönlich übelnahm, oder wer sich weigerte, sich zu entschuldigen und Wiedergutmachung zu leisten, einschließlich zu versprechen, in Zukunft anders zu handeln, der wurde ausgeschlossen, sodass es hier zu einer entsprechenden Auslese kam, da die Betreffenden dann keine Nachkommen mehr bekommen konnten.

Aufgrund der größeren Hilfsbereitschaft und dem damit verbundenen Interesse am anderen, vollzog sich die Entwicklung eines Kindes und seines Bewusstseins von sich selbst auch etwas anders als bei Tieren, wie ich dies in den Abschnitten 3.1 bis 3.4 geschildert habe: Das Kind entwickelt dabei nämlich nicht nur ein Bewusstsein von sich selbst als physischer, sozialer, teleologischer und intentionaler Akteur, sondern auch von anderen als derartige Akteure, zuerst von seinen unmittelbaren wichtigen Bezugspersonen, später dann von allen anderen Menschen, die ihm begegnen. Es zeigt denselben Spaß auf der Ebene des physischen Selbst, wenn die Mutter erfolgreich die Rassel rasseln lässt, wie wenn es selbst die Rassel schüttelt und es rasselt, es empfindet dieselbe Wut

auf der Ebene des sozialen Selbst, wenn objektive Gegebenheiten die Mutter an etwas hindern, wie wenn ihm selbst so
etwas passiert, es bekommt auf der Ebene des teleologischen
Selbst dieselbe Angst, wenn seiner Mutter plötzlich und un-
vermutet etwas zustößt, wie bei ihm selbst, und auf der Ebene
des intentionalen Selbst schließlich zeigt ein Kind ganz spon-
tan hilfsbereites Verhalten, wenn es die Absichten eines anderen erkennt. Letzteres wurde experimentell schon bei dreijäh-
rigen Kindern nachgewiesen. Tiere können auf den entsprechenden Entwicklungsstufen nur dann mitempfinden, wenn
ihnen die nächste Entwicklungsebene zugänglich ist, d.h. die
menschliche Hilfsbereitschaft auf der Stufe des intentionalen
Selbst erreichen sie nie, da ihnen die Ebene des repräsentationalen Selbst (Kolb, 2017a) oder des menschlichen Selbstbewusstsein, wie ich es hier genannt habe, nicht zugänglich ist.

Ein Nebeneffekt der Bedeutung, die Frauen bei der
Versorgung menschlicher Gemeinschaften immer mehr ge-
wannen, war, dass sie körperlich immer größer wurden und
darin den Männern immer ähnlicher. Bei vielen Säugetierarten
gibt es dabei folgenden Zusammenhang: Je größer ein Männchen ist im Vergleich zu den Weibchen, desto eher hat es einen
Harem von Weibchen, den es gegenüber anderen Männchen
verteidigen muss. Insofern hat sich hier bei uns Menschen die
Tendenz zur Monogamie entwickelt, was die Ursache von
Streit und gewaltsamen Auseinandersetzungen unter Männern
ab einem bestimmten Alter deutlich eindämmte, wenn jeder
eine feste Beziehung eingegangen war.

Betrachten wir nun die Entwicklung des menschlichen
Selbstbewusstseins genauer, nachdem die Probleme im Sexuellen immer stärker geworden waren: Dadurch auf ihre Unzulänglichkeiten und ein Schuldig-Sein-Können aufmerksam gemacht, denn jeder Mensch musste bei sich selbst erkennen,
dass auch er oder sie einer solchen Versuchung wie Adam und
Eva hätte erliegen und damit die lebenswichtige Zugehörigkeit

zu seiner bzw. ihrer Gemeinschaft verlieren können, entwickelten die Menschen ein Bewusstsein für Schuld und waren mit dem Gegensatz räumlich-zeitlich konfrontiert: Es galten zeitliche Wenn-Dann-Regeln beim Geschlechtsverkehr, dass es einem Mann z.B. dann erlaubt war, wenn er sich so weit entwickelt hatte, dass er ein erfolgreicher Jäger oder Sammler war, und es gab räumliche Regeln dabei, dass ein Mann für den Geschlechtsverkehr in der einen Gegend z.B. zeigen musste, dass er einen Löwen töten konnte und ein geschickter Jäger war, und in einer anderen, dass er z.B. ein guter Sammler und Pflanzenkenner war. Die Grundlage für unser menschliches Schuldbewusstsein finden wir in dem ursprünglichen Ziel der vollkommenen harmonischen Entwicklung, denn Schuldig-Sein ist gleichbedeutend damit, dass wir die Harmonie und damit eine harmonische Entfaltung gestört haben. Es gibt Phasen, in denen es vor allem um Entfaltung geht und ein früheres Niveau an Harmonie ausreicht. Früher oder später muss es dann aber zu einem Entwicklungssprung auf eine reifere Stufe an Harmonie kommen. Die Entwicklungen im Zusammenhang mit dem Kolonialismus und dem Kapitalismus, als die jeweils Unterdrückten und Ausgebeuteten schließlich mehr Rechte bekamen, sind Beispiele dafür.

Um nicht ausgeschlossen zu werden, wurden die Menschen daher immer umsichtiger, was damit begann, dass sie nicht gleich handelten, sondern erst einmal zu begreifen versuchten, wo etwas herkam, und sich eventuell mit anderen darüber auszutauschen, was ohne ihre Hilfsbereitschaft nicht möglich gewesen wäre. Dabei lernten sie von anderen, indem sie sich gegenseitig in verantwortlich-reflektiertem Handeln und Denken als Vorbilder nahmen, was sich bald nicht nur auf den Geschlechtsverkehr bezog, sondern immer mehr auf alle anderen Lebensbereiche. Wegen der Spannung zwischen den beiden Regeln, dass der Fitteste oder der Charmanteste im Speziellen sich fortpflanzen und im Allgemeinen überleben konnte und nicht ausgestoßen wurde, verminderten sie ihre

Furcht vor einer Ächtung zuerst im Sexuellen damit, dass der Geschlechtsverkehr nur außerhalb der Öffentlichkeit vollzogen wurde, und dann in allen anderen Bereichen mit einer reiferen Strategie, die gleichzeitig für eine bessere harmonische Entfaltung insgesamt sorgte, indem sie sich bemühten, sich selbst in ihrem Worumwillen, was sich ursprünglich ebenfalls nur auf die Sexualität bezog, immer unmittelbarer und echter zu verstehen. Wie ich zeigen konnte, bedeutet dies, dass sie sich in Richtung vollkommener Liebe entwickelten (Kolb, 2017a).

Es genügte dabei aber nicht, andere einfach nur zu beobachten und nachzuahmen, die Gefahr von Missverständnissen wäre zu groß gewesen, man musste sich mit anderen über deren und über die eigenen Modalitäten austauschen, nur so konnte man umsichtig genug handeln. Dies setzt aber das Vertrauen voraus, dass niemand das Mitgeteilte ausnutzt. In menschlichen Gemeinschaften war dies aufgrund der relativ großen gegenseitigen Hilfsbereitschaft (s.o.) möglich, die durch die gemeinsame Versorgung und Erziehung der Kinder durch die Frauen erreicht worden war. Man war ja am Wohlergehen der anderen genauso interessiert wie am eigenen, und hatte somit schon einmal ein gemeinsames Interesse bzw. eine geteilte Absicht und damit ein Wir-Gefühl. Mit entsprechenden Versprechen machte man sich dies auch gegenseitig deutlich. Damit haben wir auf der Beziehungsebene das vorliegen, was Aristoteles als Freundschaft bezeichnet, gegenseitiges Wohlwollen und die gegenseitige Verständigung darüber (Aristoteles, 1985). Wenn es dabei auch noch ausschließlich um einen immer besseren Umgang mit den eigenen Unzulänglichkeiten geht, haben wir nach Aristoteles sogar die bestmögliche Form der Freundschaft erreicht (ebenda). Wie ich in „Dasein, um zu lieben" aufzeigen konnte, entwickeln wir uns damit immer mehr auf das utopische Ziel der vollkommenen Liebe hin. Wenn man sich daran erinnert, dass ohne die Hilfsbereitschaft der älteren Frauen, die tatkräftig bei der Kindererziehung mitgeholfen haben, und ohne deren damit verbundenen Einfluss auf menschliche Gemeinschaften nicht möglich gewesen wäre, dann kann man Goethe nur zustimmen, wenn er am Ende von Faust II sagen lässt: „Das ewig Weibliche zieht uns hinan."

Die im menschlichen Dasein bezeugte vollkommene Liebe als utopisches Ziel, dem man sich immer mehr nähern kann (Kolb, 2017a), ist weder rein instrumental bzw. technisch nützlich noch ausschließlich hedonistisch bzw. hypothetisch etwas Angenehmes oder Amüsantes, sondern hat wie die Freundschaft zwischen tugendhaften Männern bei Aristoteles einen Sinn in sich selbst (Aristoteles, 1985) bzw. ist kategorisch im Sinne von Kant und damit vernünftig (Kant, Critik der reinen Vernunft, 1781 (A), zweite Auflage 1787 (B)). Für uns Menschen ist es eben typisch oder kategorisch, es ist in unserem Dasein bezeugt, wie Heidegger sagen würde, dass wir nach der vollkommenen Liebe streben, und das war als Ziel der vollkommenen harmonischen Entfaltung schon von Anfang an in der Natur und ihren Gesetzmäßigkeiten enthalten. Es ist das „Um-zu" Heideggers oder das Teleologische, das immer wieder zum Vorschein kommt, wenn wir die Entwicklung der Natur oder die unseres menschlichen Daseins betrachtet. Da die vollkommene Liebe ein utopisches Ziel ist, dem das Dasein immer wieder entgegenstreben kann, solange es lebt, kann ihre Bestimmung „nicht unterhalb des Niveaus einer *Lebensform* (einer Gestalt, die das menschliche Leben im Ganzen hat) erfolgen" (Rentsch, 1999, S. 298). Der Weg zur vollkommenen Liebe kann nur in der Interaktion und Kommunikation mit anderen gegangen werden und „gehört so in den Zusammenhang des kommunikativen gemeinsamen Lebens und kann nicht etwa »subjektiv« bestimmt werden" (ebenda, S. 298 f.).

Bezüglich der drei Daseinsmodalitäten Genus, Individuum und Spezies entspricht die vollkommene Liebe allgemein der vollkommenen kommunikativen Solidarität, das ist die vollkommene Ordnung als der allgemeine Aspekt der vollkommenen harmonischen Entfaltung, im Einzelnen dem vollkommenen ganzheitlichen Selbstverständnis, also der vollkommenen Vorhersehbarkeit bei der vollkommenen harmonischen Entfaltung, und speziell der vollkommenen Leidminderung, das ist die vollkommene Problemlösung bei der vollkommenen harmonischen Entfaltung, sodass diese sich im menschlichen Dasein als Aufforderung zeigt, immer mehr zur vollkommenen Liebe zu streben. Wie im Vorwort erwähnt, erweisen wir uns damit als Wesen, die in der Lage sind, die Natur zu verstehen. Unser Selbstverständnis, dass wir von der vollkommenen Liebe ergriffen sind, ist nicht nur ein Verständnis unserer eigenen Natur, sondern auch von der Natur überhaupt, dass ihr Sinn die vollkommene harmonische Entfaltung ist. Harmonische Entfaltung und Entwicklung der Liebesfähigkeit sind also bei uns Menschen dasselbe, und so wie die verschiedenen Lebewesen auf ihrer Evolutionsstufe bei sich die Spannungen zwischen Psyche und Geist immer besser durch Lernen zu überwinden trachten, so streben wir auf unserer Stufe entsprechend zur vollkommenen Liebe bzw. sind dazu aufgefordert, neben den ersten vier Gegensätzlichkeiten, wie oben unter 3.1 bis 3.4 beschrieben, zusätzlich noch mit dem Gegensatz räumlich-zeitlich durch umsichtiges <u>Lernen anhand von Vorbildern und anhand von Kommunikation</u> immer besser umzugehen. Dies erhebt den Anspruch, dass wir anderen Kulturen und Lebensformen immer umsichtiger, toleranter und verständnisvoller begegnen.

Auf die vollkommene Liebe bezogen ist die Materie der Aspekt der Entfremdung von der vollkommenen Liebe, der uns immer wieder zeigt, wo wir unsere Liebesfähigkeit noch weiterentwickeln können oder sollten. Ferner ist der Geist der

Aspekt der Rückkehr zur vollkommen Liebe, der uns die prinzipielle Richtung, den Rahmen zeigt, in welchem der Sinn des Daseins erkennbar ist, und die Psyche schließlich ist die Dynamik der vollkommenen Liebe, die uns immer wieder die Kraft gibt, uns weiter strebend um vollkommene Liebe zu bemühen. Dadurch dass ich Materie, Geist und Psyche nicht als Substanzen betrachte, also nicht hypostasiere, was Kant kritisierte, entgehe ich dem sogenannten zweiten naturalistischen Fehlschluss und damit dem Leib-Seele-Problem, hinter dem sich der Schreck, die Angst und die Furcht vor dem individuellen Problem unserer Sterblichkeit verbirgt, wie ich in „Liebe, Macht und Sexualität" (Kolb, 2017c) zeigen konnte.

An dieser Stelle möchte ich etwas zu den beiden sogenannten naturalistischen Fehlschlüssen bemerken: Wenn man Natur nur naturwissenschaftlich versteht, dann ist es klar, dass aus einem Sein kein Sollen folgt, was der erste sogenannte naturalistische Fehlschluss dagegen behauptet. Schließt man in das Naturverständnis allerdings die Sehnsucht nach harmonischer Entfaltung entsprechend dem Telos der vollkommenen harmonischen Entfaltung mit ein, dann folgt aus einem derart verstandenen Sein sehr wohl ein Sollen. Entsprechendes gilt für den zweiten naturalistischen Fehlschluss: Materie, Geist und Psyche sind nicht rein naturwissenschaftlich erfassbar bzw. zu verdinglichen, aber mit dem hier vertretenen Naturverständnis sind sie natürliche Gegebenheiten, reale Aspekte der Natur. Da sie sich in einem absoluten dialektischen Verhältnis zueinander befinden, sind es keine Gegensätzlichkeiten, es gibt nichts natürlich Gegensätzliches zu diesen natürlichen Aspekten, d.h. sie sind nicht materiell bzw. dinglich.

Das typisch menschliche Bewusstsein beruht auf der Umsicht und zeigt sich darin, dass wir den o.e. Kreis des klugen Handelns reflektieren bzw. umkehren können zum Kreis des verantwortlich-reflektierten Handelns, indem wir uns in einer Situation, die wir wahrnehmen, erst einmal umsehen und

uns fragen, ob wir genug Rücksicht nehmen auf wichtige Bedingungen der Situation, wozu wir Vorstellungskraft für die
Realität brauchen, ferner, ob und was uns dabei so ergreift, ob
es sich lohnt, welche Risiken bestehen und ob wir vorsichtig
genug sind, wozu wir Vorstellungskraft für Katastrophen und
Ideale brauchen, und schließlich, ob wir genug Fähigkeiten
und Fertigkeiten haben, um die Gegensätze in der Situation zu
überwinden, ob wir genug Einsicht haben oder uns erst einmal
weiter umsehen sollten (also auf zur nächsten Runde), wozu
wir Mut brauchen, um uns mit den Gegensätzlichkeiten auseinanderzusetzen.

Mit der Vorstellungskraft für die Realität, der Vorstellungskraft für Katastrophen und Ideale und dem Mut, sich mit
Gegensätzlichkeiten auseinanderzusetzen – alle drei befinden
sich in einem absolut dialektischen Verhältnis und können daher zusammengefasst werden zu der Gestaltungskraft des eigenen Lebens und Zusammenlebens bzw. des Lebens in der
Welt (Kant nannte es reflektierende Urteilskraft (Kant, Critik
der Urteilskraft, 1799 (3. Auflage))) – bekommt das Gedächtnis eine weitere Dynamik neben jener im emotionalen Gedächtnis, die auf der Ebene des intentionalen Selbstbewusstseins entsteht. Es ist eine Dynamik zwischen dem Weltanschauungsgedächtnis, dem Planungs- und Beurteilungsge-
dächtnis und dem Handlungs- und Wirkungsgedächtnis (s.
Abb. 3), sodass entsprechende Inhalte explizit, mitteilbar und
bewusstgemacht werden können und dann das autobiographi-
sche Gedächtnis bilden. Aufgrund dieser Dynamik, die das
Gedächtnis und damit unser Bewusstsein jederzeit verändern
kann, kann beides verbessert oder verschlechtert werden in Bezug darauf, dass unsere Liebesfähigkeit immer vollkommener
wird.

Wenn ich nämlich nicht genug entsprechende Gestaltungskraft für mein Leben in der Welt habe, muss ich in ir-
gendeiner Form Teile meines autobiographischen Gedächtnisses verdrängen (abspalten bei mangelnder Vorstellungskraft

für die Realität z.B. bei traumatischen Ereignissen, abwehren
bei mangelnder Vorstellungskraft für Katastrophen und Ideale
z.B., wenn ein Suchtkranker frustriert zu seinem Suchtmittel
greift und sich nicht mit den langfristigen Konsequenzen auseinandersetzen kann oder will, oder bewältigen bei mangeln-
dem Mut, sich mit praktischen Problemen auseinanderzusetzen, z.B. aus Furcht vor einem Korb kein Mädchen anzuspre-
chen und stattdessen sich in andere „wichtige" Aktivitäten zu
stürzen oder in Lethargie zu versinken – Abspaltung, Abwehr
und Bewältigung sind psychoanalytische Ausdrücke), sodass
psychische Störungen und Erkrankungen entstehen können.
Weil Tiere nicht so umsichtig wie Menschen sein können, können sie z.B. keine posttraumatische Belastungsstörung entwickeln. Dafür können wir Menschen auf die Hilfsbereitschaft
der anderen vertrauen, sodass wir zusammen all diese Schwierigkeiten überwinden können, indem wir uns gegenseitig die
entsprechende Vorstellungskraft und den Mut geben.

Warum aber betreiben wir überhaupt einen solchen
Aufwand und setzen solche Kraft und so viel Mut ein? Da wir
Menschen immer konzeptualisieren, befinden wir uns immer
in Situationen, die nach der Definition am Ende von Abschnitt
3.4 auf Ziele bezogen sind und daher einen Aufforderungscha-
rakter für uns haben, da gibt es sozusagen ständig Anforderun-
gen. Wir sind aufgefordert, uns auf die jeweilige Situation ein-
zulassen, und zwar (1) räumlich mit unserem Wahrnehmungs-
vermögen materieller Gegensätze, indem wir uns in die räumliche Ekstase der Auskunft und des Austauschs hineinversetzen oder hineinversetzen lassen, wozu man einerseits die Vorstellungskraft für die Wirklichkeit braucht, um entsprechend
zu vergleichen, andererseits aber auch praktische Möglichkeiten der Kommunikation mit anderen, (2) zeitlich mit unserem
Urteilsvermögen, indem wir uns in die drei zeitlichen Ekstasen
der Herkunft bzw. Vergangenheit, Zukunft und Ankunft bzw.
Gegenwart hineinversetzen oder uns hineinversetzen lassen,

wozu man einerseits die Vorstellungskraft für Ideale und Katastrophen braucht, um entsprechend zu vergleichen, andererseits aber auch praktische Erfahrungen mit sich selbst und ein daraus resultierendes Selbstverständnis und (3) rhythmisch mit unserem Kontaktvermögen, indem wir einerseits Vertrauen in unsere Fähigkeiten und Fertigkeiten aufbringen und dann andererseits mutig mit den Gegensätzen umgehen und sie berühren und uns berühren lassen (Kontakt bedeutet, einen gemeinsamen Takt oder Rhythmus mit etwas oder jemandem zu finden, und kommt von lat. „contangere", einander berühren).

Ein weiterer Unterschied zwischen Mensch und Tier bezüglich Situationen ist, dass wir Menschen uns auch in die Position von anderen hineinversetzen können, als ob wir die Situation aus seiner Perspektive sehen würden. Das ist die Empathie, die Mütter und Großmütter, also nicht mehr fruchtbare Frauen, füreinander brauchen, um sich gemeinsam darauf zu verstehen, Kinder zu erziehen und für sie zu sorgen. Tiere können zwar auch wahrnehmen, wenn ein anderes Tier in einer bestimmten Situation steckt, sie nehmen dies aber stets nur aus ihrer eigenen Perspektive wahr, beurteilen es nur aus ihrer Sicht und ziehen nur Schlüsse daraus, die ihre eigenen Interessen berühren, alles andere ist ihnen egal. Der andere wird als Teil ihrer eigenen Situation aufgefasst. Wir Menschen machen so etwas zwar auch, dann sind wir aber nicht empathisch und fühlen uns nicht in den anderen ein. Wir schreiben dann vor allem bestimmte Dispositionen als Ursachen für dessen Verhalten zu, während wir beim Einfühlen in die andere Person mehr die verschiedenen Gegebenheiten der Situation in Relation zu der betreffenden Person als Ursache betrachten. Ein anderer, den ich von meiner eigenen Situation aus wahrnehme, ist ein Gegenstand mit Eigenschaften, wenn ich mich dagegen in ihn einfühle und dadurch die Positionen wechsle, ist er kein Gegenstand mehr. In der Sozialpsychologie wird dies als „fundamentaler Attributionsfehler" oder als „Handelnder-Beobachter-Effekt" bezeichnet.

Man kann sich das in etwa so vorstellen, dass wir aufgrund unseres menschlichen Selbstbewusstseins in einer Situation mit ihrem räumlichen und zeitlichen Rahmen uns innerhalb des Zeithorizontes jeweils in verschiedene räumliche Positionen versetzen oder versetzen lassen, teils als Reaktion, teils auf Eigeninitiative hin. Unser eigentliches Selbst bzw. unsere Person, wie ich dies als einen Prozess gegen Ende des 2. Kapitels beschrieben habe als das Streben nach vollkommener Liebe, sucht und versucht dabei, die wichtigsten Positionen einzunehmen, um immer vollkommener zu lieben und die anderen in ihrer entsprechenden Entwicklung zu unterstützen. Manchmal aber streben wir nicht nach vollkommener Liebe, sodass unser Selbst bzw. unser Selbstprozess in einem defizienten Modus ist und wir nach anderen Zielen streben und somit etwas andere Positionen einnehmen. Manche dieser Positionen, seien sie optimal für die Entwicklung unserer Liebesfähigkeit oder nicht, sind welche, die wir uns angeeignet haben und mit denen wir uns identifizieren, manche sind die von anderen Wesen in der aktuellen Situation, manche sind die von konkreten Wesen, die aber nicht anwesend sind, und manche sind Positionen, von denen wir uns nur vorstellen, dass etwas mit dieser Position irgendwie verbunden ist. Der Phantasie sind hier keine Grenzen gesetzt, wir können uns dort z.B. Geister, Dämonen, Engel, Gott, Buddha usw. vorstellen. Mit jeder Position, die unser Selbst innerhalb der zeitlichen und räumlichen Horizonte der jeweiligen Situation einnehmen kann, wenn es nach vollkommener Liebe oder einem anderen Ziel strebt, sind verschiedene Perspektiven verbunden, die jeweils verschiedene Aspekte des jeweiligen Geschehens enthüllen. Wie das Beispiel der sogenannten Kippbilder zeigt, gibt es, selbst aus ein und derselben Perspektive betrachtet, verschiedene Aspekte, die niemals gleichzeitig betrachtet werden können. Entsprechendes gilt für Klangbilder und die anderen Sinne, weil es immer darauf ankommt, was wir aus der jeweiligen Perspektive als hervorstechend oder dezent, im Vordergrund oder im Hintergrund, als wesentlich oder unwesentlich beurteilen. Es gibt nun Positionen, die wir uns angeeignet haben, vielleicht sogar mit verschiedenen Perspektiven und verschiedenen jeweils dazugehörigen Aspekten, und andere, die uns fremd sind. Sobald uns eine neue Perspektive oder ein neuer Aspekt bewusstwird oder wir uns gar eine neue Position angeeignet haben, kann man von einer Ekstase reden, insbesondere, wenn sich dadurch unser Horizont der Situation räumlich und/oder zeitlich erweitert. Je mehr Positionen wir uns angeeignet haben, sodass wir sie und die entsprechenden Perspektiven einnehmen und möglichst viele Aspekte erkennen können, desto umsichtiger können wir beurteilen, was wichtig ist, um unsere Liebesfähigkeit zu fördern und andere bei der Entwicklung ihrer eigenen Liebesfähigkeit zu unterstützen. Entsprechend können wir dann in diesem Sinne umsichtig uns äußern, ausdrücken und handeln. In vielen Kulturen gibt es meditative Übungen, um immer schwierigere Positionen sich anzueignen. Indianer setzen sich z.B. an einen Fluss und konzentrieren sich so lange auf das vorbeifließende Wasser, bis sie stattdessen das Ufer vorbeigleiten sehen, indem sie sich die Position des Flusses angeeignet haben. Auch dies sind Belege dafür, dass wir Menschen unsere Liebesfähigkeit immer weiterentwickeln wollen.

Da unser menschliches Selbstbewusstsein in hohem Maße von der Interaktion mit anderen abhängt, gibt es weniger ein Transzendenzproblem, wie wir wissen können, was der andere für ein Selbstbewusstsein hat, was sie oder er denkt und wie dies seine oder ihre Aktivitäten beeinflusst, als vielmehr ein Immanenzproblem, wie wir die- oder derselbe bleiben können (in dem Wort Immanenz steckt das lateinische manere, bleiben), da unser Selbstbewusstsein sich beim Kontakt mit anderen doch ständig ändern kann. Gelöst wäre dieses Problem nur im utopischen Zustand der vollkommenen Liebe bzw. dann, wenn alle Gegensätze und damit die Materie bzw. der körperlich-materielle Aspekt unseres Daseins bedeutungslos geworden wären. Dann wäre unser Selbstbewusstsein unmittelbar und echt, also vollkommen und unveränderbar.

Eng verbunden mit dem Problem der Immanenz ist das der Konsistenz, inwieweit die verschiedenen Positionen verschiedener Situationen, mit denen wir uns identifizieren, sich widersprechen oder ein gewisses Maß an Konsistenz aufweisen. Je mehr Positionen es gibt, bzw. je komplexer unser Selbst ist, desto widersprüchlicher kann es sein, desto spontaner aber können wir auch handeln. Widersprüche bzw. Gegensätze können uns verunsichern und im Extremfall handlungsunfähig machen. Je besser wir aber damit umgehen können, desto flexibler und kreativer sind wir z.B. beim Lösen von Problemen. Beim Umgang mit Gegensätzen geht es nicht um deren Beseitigung, indem man diese auf irgendeine Weise verdrängt (s.o.). Das mag vielleicht eine Zeitlang nötig sein, bis man genug Kraft und Mut gefunden hat, um sich mit der Realität, mit Katastrophen- und Idealvorstellungen und mit konkreten praktischen Schwierigkeiten auseinanderzusetzen, sodass man umsichtig und verantwortungsvoll handeln kann. Tatsächlich aber geht es beim Umgang mit Gegensätzen darum, die entsprechende Spannung auszuhalten und sich auf etwas zu konzentrieren, was zwischen den Gegensätzen vermittelt. Wenn man z.B. den Gegensatz linear-zirkulär nimmt, der grundlegend für die Entwicklung des intentionalen Selbstbewusstseins war, dann hilft die Konzentration auf den Weg als Ziel, mag er geradlinig oder kreisförmig verlaufen, nach dem Motto, der Weg ist das Ziel, mit der entsprechenden Spannung immer besser umzugehen. Für den Gegensatz räumlich-zeitlich, wenn jemand z.B. eine Position bezieht, in der er oder sie möglichst schnell vorankommen möchte und kaum Rücksicht auf den gemeinsamen Raum nimmt, im Gegensatz zu einer Position, in der sie oder er darauf achtet, dass sie oder er die räumliche Harmonie nicht stört, wobei ihr oder ihm die Zeit relativ egal ist, dann kann das rhythmische und pulsierende Lebensgefühl, welches einmal schnell nach vorne strebt und dann wieder vorsichtig innehält, zwischen diesen beiden Positionen vermitteln.

Beim Konsistenzproblem haben wir es wie bei allen natürlichen Prozessen damit zu tun, dass Wachstum und Vermehrung – wie hier das Wachstum der Komplexität des Selbst und die Vermehrung der Positionen, mit denen man sich identifiziert – ab dem Punkt, an dem zu viel Chaos droht, mehr Harmonie erfordert. Der Selbstprozess benötigt mehr Ordnung, indem sein bisheriger Verlauf in schlüssige Erzählungen verschiedener zusammenhängender Abschnitte gebracht wird (damit beginnt schon die Mutter, und manche sehen darin einen „Erzählinstinkt"), mehr Vorhersehbarkeit, indem Versprechen über zukünftige Positionen gegeben und gehalten werden, die man unter bestimmten Umständen einnehmen wird, und mehr Möglichkeiten, Probleme zu lösen, indem man handlungsfähig bleibt und die Flexibilität und Kreativität, die durch die größere Komplexität entstanden sind, auch benutzt.

Zum Schluss dieses Kapitels möchte ich das Lernen genauer unter die Lupe nehmen und dabei zwei Arten von Lernen unterscheiden: das sogenannte implizite Lernen und das bewusste Trainieren von Fähigkeiten und Fertigkeiten, welches es nur bei uns Menschen gibt, sobald wir eigene Unzulänglichkeiten als solche auffassen und diese gezielt überwinden wollen. Beide Arten des Lernens gibt es sowohl beim Lernen durch Prägung, durch Gewöhnung, bei der klassischen und der operanten Konditionierung und beim Modelllernen, wobei das implizite Lernen nur durch das Handeln selbst entsteht, unsere Umwelt lehrt uns gewissermaßen, sie prägt uns ein, dass bestimmte Aktivitäten zu bestimmten Ergebnissen führen, sie gewöhnt uns an bestimmte Bedingungen für Aktivitäten, sie lehrt uns, dass bestimmte Ereignisse Vorboten für andere Vorkommnisse sind, durch Erfolge stärkt sie bestimmte Verhaltensweisen und schwächt andere durch Misserfolge, und sie liefert uns Beispiele, denen wir folgen können. Solange wir Menschen uns bei unseren Tätigkeiten von unserer Umwelt

derart beeinflussen und formen lassen, ohne darüber nachzu-
denken, solange dies also ohne Bewusstheit geschieht, also
ohne dass wir es mit anderen Einflüssen und eigenen Regungen vergleichen, solange lernen wir wie alle anderen Lebewesen und erwerben uns so implizites Wissen, welches in diesem
Fall auch ein nicht mitteilbares Wissen („tacit knowledge") ist.

Dieses Wissen und die entsprechenden Fähigkeiten
und Fertigkeiten werden erst dann mitteilbar, das Lernen wird
erst dann ein bewusstes Trainieren, wenn ich Lernprogramme
und Lehrpläne oder Übungen entwickelt habe, mit denen ich
anderen dies alles vermitteln oder womit ich es mir selbst beibringen kann. Beim bewussten Lernen denke ich mir verschiedene Möglichkeiten aus, wie ich mir etwas antrainieren kann,
und wähle dann diejenige aus, von der ich mir den größten Erfolg erwarte. Bewusstheit hat ja immer etwas damit zu tun, ob
ich vergleichen und auswählen kann unter Beachtung eigener
Regungen oder der von anderen via Empathie. Nicht mitteilbares Wissen ist immer auch implizit, mitteilbares Wissen ist
u.U. ebenfalls implizit und nur dann explizit, wenn ich mir bewusst bin, dass ich dieses Wissen anwenden will, gerade an-
wende oder angewendet habe.

Dass wir Menschen anderen etwas vermitteln wollen,
dass wir uns derart um andere kümmern, liegt sicherlich daran,
dass wir ursprünglich unsere Kinder immer besser erziehen,
und schließlich immer wirkungsvollere Gemeinschaften bilden wollten. Gemeinsame Interessen, geteilte Absichten und
gegenseitige Unterstützung – daraus entwickelten sich auf ein-
zigartige Weise bei uns Menschen im Unterschied zu allen anderen Lebewesen unsere pädagogischen Fähigkeiten, Lernen
bewusst und Wissen mitteilbar zu machen.

# 4. Die Entwicklung des Denkens, der Vernunft und der Sprache

Das Gemeinsame von Denken, Vernunft und Sprache ist die Verständigung. Sprache dient der Verständigung untereinander (Modus des Genus), durch Denken mache ich mir selbst etwas verständlich (Modus des Individuums), und Vernunft bezieht sich auf Aktivitäten und beruht auf dem, was verstanden worden ist (Vernunft kommt von vernehmen, und mit dem Vernommenen sollte man im Umgang mit dem rechnen, was einem in der Welt begegnet; dies findet im Modus der Spezies statt). Heidegger nennt die Sprache auch „Haus des Seins" (Heidegger, 2010, S. 5). In diesem Sinne ist die Sprache das Haus des gemeinschaftlichen Seins, das Denken das des individuellen Seins und die Vernunft das des spezifischen Seins. Je mehr das Verständnis von dem, was einem begegnet, einer vollkommenen harmonischen Entfaltung dient, desto mehr ist es objektiv richtig, denn das utopische Ziel der vollkommenen harmonischen Entfaltung ist allem gegenübergestellt und in diesem Sinne objektiv. Denken, Vernunft und sprachlicher Ausdruck sind entsprechend objektiv richtig, wenn sie auf einem richtigen Verständnis gründen. Dadurch ist der Begriff des Richtigen aber relativ, d.h. abhängig von dem Entwicklungsstand hinsichtlich der vollkommenen harmonischen Entfaltung, auf dem die Natur und das einzelne Lebewesen sich gerade befinden. So ist es z.B. nicht richtig, einem Menschen etwas zu erzählen, was er nicht verkraften kann, was ihn deshalb schädigt und daher seine Liebesfähigkeit eher schwächt. Wenn der Betreffende sich dann weiterentwickelt hat, kann dieselbe Auskunft für ihn und seine Entwicklung sehr förderlich sein.

Alle bewussten Aktivitäten eines Lebewesens stammen von den möglichen bewussten Verarbeitungsprozessen seiner Wahrnehmung, seiner Ergriffenheit und seiner Erwartungen. Diese Prozesse beruhen auf Vergleichen, die von seinem emotionalen Gedächtnis ausgehen und bei Tieren in eine Art wenn auch einseitige Kommunikation mit seinem nicht-emotionalen Gedächtnis übergehen, bis die betreffenden Inhalte des nicht-emotionalen Gedächtnisses durch Lernen im Psychisch-Motivationalen integriert sind. Bei uns Menschen ist diese Kommunikation zweiseitig (s.u.).

Das emotionale Gedächtnis hat die drei Modalitäten des Affektgedächtnisses (Wahrnehmen, Perzeption), des Empfindungsgedächtnisses (Begreifen bzw. Konzeption und Ergriffenheit) und des Gefühlsgedächtnisses (verstehendes Vorfühlen und Erwarten, Antizipation, man beachte, dass Perzeption, Konzeption und Antizipation vom Lateinischen capere, greifen kommen), die in einem absolut dialektischen Verhältnis zueinander stehen, und das nicht-emotionalen Gedächtnis besitzt die drei Modalitäten des Bedingungsgedächtnisses, des Planungs- bzw. Möglichkeitsgedächtnisses und des Aktivitäts- und Wirkungsgedächtnisses, die sich ebenfalls in einem absolut dialektischen Verhältnis zueinander befinden (Kolb, 2017c).

Ich möchte zuerst tierisches Denken derart definieren, dass es darstellbar ist als eine Kommunikation von einer soweit vorhandenen emotionalen Art von Gedächtnis auf dem Kreis des klugen Handelns zu der nächsten nicht-emotionalen Art, zu der es eine Verbindung gibt. Es gibt die Wortverwandtschaft von Denken und Gedächtnis, sodass man nur dann von Denken sprechen kann, wenn ein Lebewesen sich an etwas erinnert und vergleicht, und das ist die Verbindung zwischen Bewusstsein und Denken.

So gibt es auf der Stufe des physischen Selbstbewusstseins nur das einsichtige Denken, welches vom Affektgedächtnis ausgeht zum Aktivitätsgedächtnis hin und nur Bejahung oder Verneinung als Ergebnis ausgibt. Dann kommt beim sozialen Selbstbewusstsein das rücksichtsvolle Denken dazu, welches vom Empfindungsgedächtnis zum Bedingungsgedächtnis immer wieder hingeht und induktive Schlussfolgerungen liefern kann, wo etwas im Allgemeinen herkommt. Beim teleologischen Selbstbewusstsein finden wir das vorsichtige Denken, welches immer wieder vom Gefühlsgedächtnis aus die zukünftigen Möglichkeiten erfragt und deduktiv schlussfolgert, wo etwas im Speziellen hinführen kann, und beim intentionalen Selbstbewusstsein können wir das durch bestimmte Aussichten motivierte conduktiv schlussfolgernde Denken erkennen, was das Lebewesen im Einzelnen erreichen bzw. womit es zusammengeführt werden kann, welches immer wieder von allen Teilen des emotionalen Gedächtnisses ausgeht und abwechselnd Bedingungen, Möglichkeiten und Wirkungen von Aktivitäten herauszufinden sucht, um seine Absichten zu erreichen und an seinem Ziel anzukommen. Ohne die jeweilige konkrete Einsicht, Rücksicht, Vorsicht und Aussicht kommt es zu keinem Denken auf diesen Entwicklungsebenen.

Diese Arten des Denkens, welche mit verschiedenen Arten des Lernens verbunden sind, gibt es auch beim Menschen, aber das typisch menschliche Denken bewegt sich nicht nur auf dem Kreis des klugen Handelns, sondern auch auf dem des verantwortlich-reflektierten Handelns. Dieses Denken ist ein vorgestelltes Miteinander-Sprechen oder Vorstellungen-Austauschen, setzt also Sprache und andere Darstellungsmöglichkeiten von Vorstellungen voraus und ist nicht nur zeichenhaft, sondern auch symbolisch. Das typisch menschliche Denken führt nicht nur via Lernen zu einer Integration nicht-emotionaler Gedächtnisinhalte in den Bereich der psychisch-motivationalen Reflexe wie das tierische, sondern dient auch der Integration von Inhalten des emotionalen Gedächtnisses ins biografische, es hinterfragt die Emotionen, ob der Affekt, die Empfindung oder das Gefühl angemessen, also die Wahrnehmung, die Meinung bzw. Auffassung oder die Erwartung wirklich beachtenswert ist, und sucht nach entsprechenden Antworten, ob und warum es so ist oder nicht, ist also verantwortlich-reflektiertes Denken – da Menschen sich wesentlich mehr mit anderen identifizieren, sogar mit verschiedenen Lebewesen und Gegenständen (man denke nur an Blumennamen wie Rosi für Mädchen, Gegenstandsnamen wie Petrus, der Fels, oder Tiernamen wie Leo, der Löwe, Wolfgang, der wie ein Wolf geht, oder Urs, der Bär, für Jungs), werden nicht nur autobiografische, sondern auch biografische Daten von anderen Lebewesen im Gedächtnis gespeichert.

Entsprechend den drei Arten des emotionalen Gedächtnisses unterscheidet man beim menschlichen Denken dann (1) das erkennende Denken, ein dialektisches Denken als vorgestellter Austausch oder Dialog zwischen Affekt und Bedingungsgedächtnis, welches man daher auch Begriffs- oder Weltanschauungsgedächtnis nennen kann, sowie zwischen diesem und dem Empfindungsgedächtnis, ein erkennendes Denken über seine Empfindungen bei einem bestimmten eigenen Begreifen, (2) das urteilende Denken, ein abstraktes Denken als vorgestellter Austausch bzw. Dialog zwischen Empfindungs- und Planungsgedächtnis, sowie zwischen diesem und dem Gefühlsgedächtnis, ein urteilendes Denken über sein eigenes Planen und Fühlen, und (3) das logisch-schlussfolgernde Denken, ein analytisches Denken als vorgestellter Austausch/Dialog zwischen Gefühls- und Aktivitätsgedächtnis, welches damit auch zu einem Gedächtnis für die praktischen Auswirkungen von Aktivitäten wird, sowie zwischen diesem und dem Affektgedächtnis, ein analytisches Denken über die Auswirkungen seiner eigenen Aktivitäten und, wie ihn das affektiv berührt. Da ich zuerst etwas erkennen muss, bevor ich es beurteilen und analysieren kann, ist das dialektisch-erkennende Denken das ursprünglichere. Insgesamt zur Einteilung des Denkens siehe auch „Liebe, Macht und Sexualität" (Kolb, 2017c, S. 104 ff., 2.9 Einschub: Sprechen und Denken), hier aber allgemeiner als Austausch, wodurch auch das räumliche

Denken über Grafiken, Tabellen und Schaubilder miteinbezogen ist.

Vernunft kommt von vernehmen, hat also mit dem zu tun, was uns begegnet und wir daher wahrnehmen, also von anderem unterscheiden und als wahr vertrauen können. Die Vernunft in diesem Sinne macht das „Bewusstsein zu einem Instrument der Transzendenz, das objektive Wirklichkeit und objektive Werte erfassen kann" (Nagel, 2016, S. 125). Dadurch, dass in der Natur im Allgemeinen die vollkommene harmonische Entfaltung und bei uns Menschen im Speziellen die vollkommene Liebe das uns gegenübergestellte Ziel und in diesem Sinne objektiv ist, ist die Vernunft das, was uns den Rahmen dessen vorgibt, wozu wir immer wieder aufgefordert werden zurückzukehren, nämlich zur vollkommene Liebe, und in diesem Sinne gehört die Vernunft zum Geistig-Idealen, zum Aspekt der Rückkehr zur vollkommenen Liebe. Die Vernunft entsteht im Zusammenhang mit der Entwicklung des menschlichen Bewusstseins, welches sich nicht mehr im Unterschied zum tierischen als der alleinige Mittelpunkt betrachtet, sondern die Relativität und das Aufeinander-Bezogen-Sein und damit den Raum z.B. geometrisch als Ähnlichkeitsraum erfassen kann, sodass die Transzendenz prinzipiell erschlossen ist und die Vernunft sich mehr oder weniger entwickeln muss. Von vorneherein angelegt ist diese Entwicklung schon in der vollkommenen harmonischen Entfaltung, nämlich in den drei Aspekten der vollkommenen Vorhersehbarkeit, der vollkommenen Problemlösbarkeit und der vollkommenen Ordnung.

Wenn man nun danach fragt, inwieweit das Denken vernünftig ist, d.h. inwieweit man damit etwas Wahres erkennen, sachlich und moralisch richtig urteilen oder praktisch erfolgreich analysieren kann, dann muss die Vernunft oder die Vernünftigkeit sich stets daran messen lassen, inwieweit dadurch unsere Liebesfähigkeit gesteigert wird und sich weiterentwickelt oder nicht. Selbst das tierische Denken wie oben

beschrieben muss sich bezüglich seiner Qualität damit vergleichen lassen, inwieweit dadurch die Spannungen zwischen Psyche und Geist verringert bzw. der jeweilige Gegensatz auf der
entsprechenden Evolutionsstufe immer besser überwunden
wird oder nicht. Alles ist letztlich auf das utopische Ziel der
vollkommenen harmonischen Entfaltung bzw. der vollkommenen Liebe ausgerichtet.

Kommen wir nun zur menschlichen Sprache, die zumindest beim typisch menschlichen Denken mit vorausgesetzt
war: Grundlegende Vorbedingung für die Entwicklung jeglicher Art von Kommunikation und damit auch von Sprache ist
die Kontingenzentdeckungsfähigkeit, die mit der bewussten
Wahrnehmung zusammenhängt und ohne die es zu keinem
physischen Selbstbewusstsein kommen kann, der Grundlage
für jegliches Bewusstsein. So entwickelt sich die Kommunikation bei Tieren mit dem Bewusstsein bis zu einer Sprache, die
über das Bezeichnende bzw. das Zeichenhafte nicht hinaus-
geht. Tieren geht es eben höchstens um ihre eigenen Interessen
und Absichten, sodass sie das, was sie dazu von anderen brauchen oder sich wünschen, nur zeichenhaft ausdrücken müssen,
damit die anderen es verstehen. Bewusst spielen dabei nur die
Modalitäten der Situation eine Rolle, nicht die Befindlichkei-
ten der anderen und die eigenen meist nur unbewusst. Die Beziehungen gehen nicht so tief wie Freundschaften bei Menschen, denen es dabei um die Emotionen des anderen und um
die eigenen geht, über die man sich nur symbolisch austauschen kann („Diese Emotion ist so, als ob ich dieses oder jenes
wahrgenommen, begriffen oder erwartet hätte.").

Mit dem Kreis des verantwortlich-reflexiven Handelns,
der auf der Ebene des menschlichen Selbstbewusstseins entsteht, wird die Sprache menschlich, und zwar zum einen dialektisch-erkennend (und anerkennend), d.h. die eigene Meinung über etwas Wahrgenommenes, sei es von der Situation,
vom anderen oder von sich selbst, als These trifft auf die ent-

sprechende Meinung eines anderen als Antithese, und im Ge-
spräch oder Gedankenaustausch einigt man sich auf eine Synthese, entweder, dass eine der Meinungen revidiert und die andere übernommen wird, beide Meinungen aneinander ange-
passt werden oder als gleichwertig, als ein Sowohl-Als-Auch,
nebeneinander bestehen bleiben. Die Synthese kann aber auch
eine völlig neue Meinung sein. Auf diese Weise können neue
Begriffe bzw. neue Bedeutungen von Begriffen entstehen, die
mit den alten Bedeutungen nur assoziativ verbunden sind, insbesondere symbolische Bedeutungen. Diese neuen Bedeutungen werden dann im Bedingungsgedächtnis gespeichert, welches auf diese Weise immer mehr zu einem Begriffs- bzw.
Weltanschauungsgedächtnis wird. Zur Veranschaulichung ein
Beispiel: Zwei Menschen unterhalten sich, und der eine, der
eine Schlange sieht, sagt, „Schau mal, wie sich die Schlange
schlängelt! Das sieht ja gefährlich aus", worauf der andere
meint, die Haare seiner Frau schlängelten sich ebenfalls schön
um ihr Gesicht. Der erste erwidert, „Ich stelle mir gerade vor,
wie grausig es aussehen würde, wenn jemand tatsächlich
Schlangen statt Haare auf dem Kopf hätte", und schüttelt sich.
Hier prallen zwei unterschiedliche Meinungen über Schlangen
als These und Antithese aufeinander, und die Synthese lässt
beides nebeneinanderstehen und eröffnet die neue Erkenntnis,
dass das Sich-Schlängeln einmal eine gefährliche und grausige
Bedeutung haben kann, und ein andermal eine schöne, je nach
Anschauung. Pointiert ausgedrückt stoßen hier zwei Weltan-
schauungen aufeinander. Wie beim Denken ist diese Art der
Sprache die ursprünglichere, aus der sich die beiden folgenden
entwickeln.

Zum anderen wird die Sprache abstrakt-beurteilend, indem ich den sprachlichen oder grafischen Ausdruck eines Ent-
wurfs verbunden mit einer entsprechenden Erwartung als Vor-
Habe nehme wie Heidegger (Heidegger, Sein und Zeit, 2006),
davon in einer Vor-Sicht bestimmte mögliche Eigenschaften

abstrahiere und sie in einem Vor-Griff neu, d.h. abstrakt verwende. Diese neue Verwendungsweise, die neue Möglichkeiten aufzeigen kann, wird dann im Möglichkeits- bzw. Planungsgedächtnis gespeichert, welches man auch <u>Beurteilungsgedächtnis</u> nennen kann. Hieraus ergibt sich, dass typisch menschliches bzw. verantwortlich-reflektiertes Handeln sich aus Urteilen erklärt, die auch Vorurteile sein können. Wenn mir ein Freund ein schönes Bild zeigt, welches er gemalt hat, und ich von den bunten Farben regelrecht geblendet bin im ersten Augenblick, dann finde ich seine Idee, also wie er das Bild so farbenfroh entworfen hat, blendend. Wenn ich davon das Überraschungsmoment abstrahiere, dann ist jede überraschend gute Idee für mich eine blendende Idee. Das zeigt mir die Möglichkeit auf, dass überraschend gute Ideen blendend in diesem abstrakten Sinn sein können, d.h. ich beurteile sie als blendend.

Zum dritten schließlich wird die Sprache <u>analytisch-schlussfolgernd</u>, indem ich das, was ein Ausdruck als Ergebnis einer Aktivität bezeichnet, als Ganzes betrachte, dann in immer mehr einzelne Aspekte zerlege und analysiere und schließlich daraus wieder die gesamte Fülle des Begriffes rekonstruiere und so immer mehr praktisch erkenne, was mit der entsprechenden Aktivität alles erreicht werden kann und was nicht. Diese neue Betrachtungsweise, die die betreffende Aktivität genauer charakterisiert, wird mit im Aktivitätsgedächtnis gespeichert und qualifiziert Aktivitäten differenziert mit ihren Haupt-, Neben- und Wechselwirkungen mit anderen Gegebenheiten. Wenn z.B. jemandem ein Verband angelegt wurde, der schief gewickelt ist, dann ist dieses Ergebnis des Anlegens erst einmal insgesamt ärgerlich. Falls sich nun der Aspekt ergibt, dass der Betreffende damit ganz zufrieden ist, obwohl objektiv zu erkennen ist, dass der Verband sich bald lösen und keinen Schutz mehr bieten wird, dann ergibt diese Analyse insgesamt, dass der Betreffende nicht nur schlecht behandelt wurde, sondern auch noch glaubt, dass alles in Ordnung ist, vielleicht deswegen, weil ein berühmter Professor den Verband ihm angelegt hat. Mit dieser irrigen Meinung ist er auch noch im übertragenen Sinne „schief gewickelt", d.h. aus der Wechselwirkung mit dem Umstand, dass ein Professor ihn verbunden hat, kann man die praxisrelevante Schlussfolgerung ziehen, dass eine Nebenwirkung entstanden ist, nämlich, dass er nicht nur physisch, sondern auch geistig schief gewickelt ist. Das Aktivitätsgedächtnis kann man daher auch Praxis- oder Wirkungsgedächtnis nennen. Ein weiteres Beispiel für die analytisch-schlussfolgernde Eigenschaft der Sprache ist performatives Sprechen, d.h. wenn ich sage, „Ich mache jetzt ..." oder „Hiermit eröffne ich die Veranstaltung, erkläre ich ... den Krieg oder verkünde ich ...", weil zum einen ich selbst Schlussfolgerungen aus der Situation gezogen und mich zu dieser Äußerung entschlossen habe, zum anderen weil dann die oder der andere, zu dem ich spreche, schlussfolgert, was das für ihn oder sie für Konsequenzen haben kann, ob es z.B. ein Versprechen, eine Drohung oder einfach nur eine Ankündigung ist.

Man kann Sprache auch danach betrachten und analysieren, wodurch bzw. wie sie gestaltet wird durch ihre Verwendung in den drei Daseinsmodalitäten des Genus, des Individuums und der Spezies. Der Modus des Genus gestaltet sie hinsichtlich ihrer allgemeinen Verstehbarkeit, d.h. hier wird der Wortschatz, die Grammatik und die verschiedenen Arten geformt, wie wir sprachliche Äußerungen so bilden, dass sie von denen, an die wir uns wenden, begriffen und verstanden werden. Theorien der Sprechakte (z.B. von Austin oder Searle) bezeichnen diese allgemein linguistische Formung der Sprache als lokutionär, wenn der Aspekt gegenseitigen Verstehens und Begreifens im Vordergrund steht. Im Modus des Individuums gestaltet die Sprache einerseits unser Denken, andererseits wird sie durch die Planung von Sprechakten geformt, indem wir Dialoge zwischen verschiedenen Positionen einer vorgestellten Situation durchspielen, um unsere Aufmerksamkeit und die des anderen auf bestimmte Gegebenheiten zu lenken (Fakten und Erkenntnisse, Meinungen und Beurteilungen oder logische Zusammenhänge und Probleme). Diese Art der Sprachgestaltung wird <u>illokutionär</u> genannt und bezeichnet die individuelle Verwendung verschiedener Sprachstile. Demgegenüber formen Sprechakte als sogenannte <u>perlokutionäre</u> Akte eine Sprache im Modus der Spezies, indem sie für bestimmte Ziele oder zu bestimmten Zwecken ausgeführt werden und ihre Effekte, also ob und wie weit der jeweilige Zweck erreicht wurde und wie das Netz der zwischenmenschlichen Beziehungen dadurch beeinflusst wird, bewusst wahrgenommen werden.

Da Sprechakte immer mit Beziehungen zu anderen und mit sozialem Lernen zu tun haben, kann man diese Ziele und Zwecke anhand der verschiedenen Beziehungs- und Lernformen, die den fünf Entwicklungsebenen des Bewusstseins zugeordnet sind (s. 3. Kapitel), einteilen und erhält dadurch eine ähnliche Klassifikation von Sprechakten wie Searle. Bei Sprechakten gibt es jedoch einen gravierenden Unterschied, ob bestimmte Beziehungsformen innerhalb einer Gemeinschaft als wichtig und wertvoll oder als unwichtig und wertlos betrachtet bzw. wie sie gegeneinander gewichtet werden. Diesen Unterschied hat Searle bei seiner Einteilung nicht beachtet.

Auf der Ebene des physischen Selbstbewusstseins mit der Beziehungsform der Ähnlichkeit bzw. Gleichartigkeit und Verschiedenheit und der Lernform der Prägung bezwecken wir, jemandem etwas einzuflößen, etwas mitzuteilen, zu behaupten oder zu bestreiten, was die Ähnlichkeit oder Verschiedenheit betonen oder festigen kann. Ein kleines Kind auf dieser Ebene zeigt z.B. durch Wiederholungen eines Akts seiner Mutter, was es als physischer Akteur schon kann, und möchte vielleicht von seiner Mutter eine Bestätigung ihrer Gleichartigkeit, dass sie dies auch kann. Später können wir durch entsprechende unsere Physis (Eigenwüchsigkeit) betonende Sprechakte – Searle nennt sie assertiv – dasselbe vermitteln. Wie man innerhalb einer Kultur seine Eigenwüchsigkeit demonstriert, kann sehr unterschiedlich sein. In unserer Kultur zeigt man dies u.a. durch Wissen, indem man für wahr gehaltene Behauptungen aufstellt, in anderen Kulturen aber z.B. dadurch, dass man unwahrscheinliche und dadurch fesselnde Geschichten über andere erzählt, unabhängig davon, ob sie wahr sind oder nicht (z.B. das, was man im Russischen als „vranyo" bezeichnet). In einer anderen Kultur ist diese Beziehungsform nicht wichtig, man betont nicht seine Eigenwüchsigkeit bzw. Physis und hält es entsprechend für unerheblich, die Wahrheit zu sagen (z.B. bei den Javanesen, die derartige für unsere Begriffe unangebrachte Äußerungen als „étok-étok" bezeichnen und als normal hinnehmen)[1]. Auf der Ebene des sozialen Selbstbewusstseins mit der Beziehungsform des Aufeinander-angewiesen-Seins, sodass man Umstände berücksichtigen muss, und der Lernform der Habituation versuchen wir, jemanden einzuladen, zu etwas zu raten, zu bitten oder zu befehlen, wodurch wir soziale Zusammenhänge beachtend günstige Bedingungen für bestimmte Ziele erreichen wollen. Derartige Sprechakte bezeichnet Searle als direktiv. Dadurch zeigt man, dass man aufeinander angewiesen ist, teils andere auf mich, dass ich ihnen befehlen kann, teils ich auf sie, dass ich sie bitten muss. Auf der Ebene des teleologischen Selbstbewusstseins mit der Beziehungsform, sich vor Gefahren zu schützen, die einem bei Aktivitäten immer begegnen können, und der Lernform der klassischen Konditionierung vereinbaren, versprechen oder drohen wir, wodurch wir uns gegenseitig auf Gefahren aufmerksam machen und Schutz anbieten oder verweigern, was bei Searle kommissiver Sprechakt heißt.

---

[1] Beide Beispiele sind einem Buch von J. David Velleman entnommen (Velleman, 2015, S. 65, ff.).

Dadurch zeigt sich, wer wen beschützt bzw. welche Rangordnung besteht. Auch hier kann es große kulturelle Unterschiede geben: beim Volk der Ingolot auf den Philippinen werden Verabredungen nur dann eingehalten, wenn ansonsten gesundheitliche Schäden drohen. Alle anderen Beeinträchtigungen werden nicht ernst oder nicht bewusst wahrgenommen[2]. Vermutlich spielt hier das Prinzip der Rangordnung keine so große Rolle wie bei uns. Auf der Ebene des intentionalen Selbstbewusstseins mit der Beziehungsform der kurzfristigen Bündnisse, um sich gegenseitig zu helfen, und der Lernform der operanten Konditionierung bestärken und danken wir jemandem oder klagen ihn oder sie an bzw. verfluchen sie oder ihn. Wir drücken also mit unserer emotionalen Reaktion auf einen anderen aus, welche Wichtigkeit die gegenseitige Verbindung hat, was Searle expressive Sprechakte nennt. Hier zeigt sich die Qualität der Bündnistreue bzw., wie loyal man zueinandersteht. Auf der Ebene des menschlichen Selbstbewusstseins schließlich mit der Beziehungsform der Freundschaft oder Feindschaft, die von Vertrauen oder Misstrauen geprägt ist, mit der Lernform des Vorbild-Lernens stellen wir jemanden als positives oder negatives Vorbild hin oder bezeichnen ihn oder sie als Freund oder Feind. Dies stimmt nicht ganz mit der Klassifikation als deklarative Sprechakte bei Searle überein, kommt dem aber ziemlich nahe. Wir erklären damit, welchen Wert die jeweilige Beziehung zu dem anderen für uns hat. Die meisten Sprechakte können oder sollen mehreren Zwecken dienen, z.B., wenn ich jemanden zu etwas ernenne, behaupte ich, dass er oder sie dafür geeignet ist (assertiv), ich befehle ihr oder ihm damit, den entsprechenden Posten auszufüllen (direktiv), ich vereinbare implizit Rechte und Pflichten (kommissiv), ich danke ihr oder ihm dadurch indirekt für frühere Leistungen (expressiv) und stelle sie oder ihn anderen als Vorbild hin bzw. erkläre, wie wichtig mir die betreffende Person ist (deklarativ). Insofern diese Klassifikation der Sprechakte,

---

[2] Ebenfalls aus dem Buch von Velleman (ebenda, S. 60 f.).

die zugleich auch als Klassifikation aller Kommunikationsakte betrachtet werden kann, sich auf die grundlegenden und allgegenwärtigen zwischenmenschlichen Beziehungsformen bezieht und deren Gestaltung durch Sprache bzw. Kommunikation beschreibt, ist sie ebenfalls allgegenwärtig bzw. überall anwendbar. Statt „universell" habe ich den Ausdruck „allgegenwärtig" verwendet, um zu betonen, dass es sich hierbei nicht um absolute Normen handelt, wie Beziehungen gestaltet sein müssen. Die verschiedenen Beziehungsformen werden ja in ihrer relativen Bedeutung zueinander in verschiedenen Gemeinschaften unterschiedlich gewichtet.

Sprachliche Äußerungen sind immer dialogisch, da sie einerseits immer Reaktionen oder Antworten auf Situationen oder vorherige Äußerungen sind und die eigene Perspektive mehr oder weniger deutlich zeigen und andererseits andere zu Reaktionen veranlassen können, die die jeweilige Äußerung ergänzen, in Frage stellen oder als Frage auffassen. Sie sind ferner immer abstrahierend, da sie niemals etwas allumfassend ausdrücken können, sondern nur einzelne Aspekte, die zuvor als wichtig beurteilt wurden. Außerdem sind sie immer auch analysierend und legen etwas dar, da sie etwas bewirken sollen, und dazu müssen sie explizit oder implizit bestimmte Schlussfolgerungen enthalten, die das Gegenüber zu einer bestimmten Reaktion bringen können. Sprachliche Äußerungen müssen nicht unbedingt Erkenntnisse, Urteile oder Entschlüsse ausdrücken, aber ein sprachlicher Austausch hat mindestens eines davon als Ziel.

Aufgrund dieser drei Eigenschaften sprachlicher Ausdrücke entstehen neue Bedeutungen, die assoziativ mit den ursprünglichen verknüpft sind, und auf diese Weise entwickelt sich aus einer nur zeichenhaften Sprache wie bei höher entwickelten Tieren die menschliche Sprache, die neben Zeichen Symbole verwendet. Eine assoziative Verknüpfung kann auf einer Ähnlichkeit in der Wahrnehmung bzw. beim Erkennen beruhen (z.B. „sich schlängelnde Haare", die ähnlich wie eine

Schlange aussehen bzw. die als ähnlich erkannt werden), auf einer vergleichbaren psychischen Ergriffenheit bzw. einer entsprechenden Beurteilung (z.B. eine „Saure-Gurken-Zeit" empfindet und beurteilt man wie eine Zeit, in der es nur saure Gurken zu essen gab) oder auf einer entsprechenden geistig-vorstellungsmäßigen Erwartung aufgrund von Schlussfolgerungen (z.B. wenn sich ein „Unwetter zusammenbraut", erwarte ich etwas ähnlich Schlimmes, wie wenn jemand wütend die Augenbrauen zusammenzieht, oder wenn jemand sagt, „Ich platze vor Neugier", dann erwarte ich, dass er etwas unbedingt wissen möchte und so angespannt ist, als ob er gleich platzen würde). Von der ursprünglichen Bedeutung wird bei dieser neuen Verwendung des Ausdrucks vollkommen abgesehen (die Haare sind keine Schlangen, bei einer Saure-Gurken-Zeit ist es vollkommen egal, ob es saure Gurken gibt oder nicht, ein Unwetter hat keine Augenbrauen, die es zusammenziehen kann, und wenn jemand vor Neugier platzt, wird er oder sie nicht wirklich zerplatzen). Im Unterschied dazu bleibt bei einer zeichenhaften oder apophantischen Verwendung eines sprachlichen Ausdrucks sein bisheriger Bedeutungsgehalt bestehen, man fasst nur das, was er meint, als Hinweis auf etwas Anderes auf, z.B. dunkle Wolken als Zeichen für Regen oder Gewitter. Indem wir gemeinsam immer wieder neue symbolische Bedeutungen sprachlicher Ausdrücke erschaffen oder nach entsprechendem Muster neue Wörter und Ausdrücke bilden, die so durch „familienähnliche" Strukturen verknüpft sind (Wittgenstein, 2001), kann niemand die Entwicklung menschlicher Sprachen voraussagen. Sie sind in diesem Sinne emergent, unberechenbar und lebendig.

Beim tierischen Denken beeinflussen die Emotionen das Denken, während bei uns Menschen eine Wechselwirkung stattfindet bzw. Denken und Emotionales zusammenwirken. Nehmen wir als Beispiel die aggressiven Emotionen: Diese entstehen bzw. werden dadurch ausgelöst, dass ein Herangehen (lat. aggredi, herangehen) an etwas, was früher gelang, irgendwie behindert oder ganz verhindert wird. Ein Tier auf der Entwicklungsebene des sozialen Selbstbewusstseins bekommt den Affekt des Aufbrausens, empfindet sich dadurch selbst betroffen, ist wütend und sucht dann je nach Erfahrung nach Bedingungen, die erfüllt sein müssen, damit es doch funktioniert, und darauf beschränkt sich sein Denken erst einmal. Auf der Ebene des teleologischen Selbstbewusstseins wandelt sich der Affekt zusätzlich noch um in verschiedene Gefühle je nach früheren Erfahrungen, nämlich in das Gefühl einer Furcht vor Gefahr, eines Zorns gegen das Behindernde oder einer Mischung von Furcht und Zorn. Das Denken bezieht sich daher zusätzlich auf die Möglichkeiten, wohin das Tier gemäß seiner Vorstellung kommen kann, auf das, was es möglicherweise zu erwarten hat. Je nach Erwartung kommt es dann zur Flucht, zum Kampf oder zum Totstellen oder Erstarren. Auf der Ebene des intentionalen Selbstbewusstseins beeinflussen sich zusätzlich Affekte, Empfindungen und Gefühle wechselseitig aufgrund des entstehenden Affekts der Spannung zwischen Empfindungen und Gefühlen, sodass es zum Nachdenken über Bedingungen, Möglichkeiten und Erfolg oder Misserfolg von Aktivitäten kommt. Das Denken und die Variabilität all dieser Prozesse basieren letztlich nur auf unterschiedlichen Erfahrungen, aus denen das betreffende Tier lernt bzw. dann gelernt hat (Prägung, Gewohnheit, klassische und operante Konditionierung, einfaches Modelllernen bzw. Nachahmen).

Aufgrund des menschlichen Denkens kommt es zu folgenden zusätzlichen Prozessen: das dialektisch-erkennende Denken hinterfragt unsere Affekte und liefert uns Erkenntnisse darüber, inwieweit es angemessen ist, wegen eines Geschehnisses erregt zu sein, sei es z.B. eine Täuschung oder ein Erfolg, oder ob wir uns besser in Gelassenheit üben sollten. Das abstrakt-beurteilende Denken hinterfragt unsere Empfindungen und lässt uns beurteilen, inwieweit unsere Betroffenheit oder Ergriffenheit zu unseren Möglichkeiten und unserem

Platz in der Welt passt. Das analytisch-schlussfolgernde Denken schließlich hinterfragt unsere Gefühle, inwieweit die Umsetzung unserer Pläne außer Erfolg oder Misserfolg, also der
Hauptwirkung, noch Neben- oder Wechselwirkungen haben
können. Weil sich die drei Arten des Denkens wechselseitig
beeinflussen, sind all diese Prozesse nicht nur von Erfahrungen
abhängig wie bei den Tieren, sondern auch vom Begreifen davon, was wir für bedeutungsvoll erachten, von Urteilen über
andere und uns selbst und von Aussichten über Haupt-, Neben-
und Wechselwirkungen. Wenn ich z.B. daran gehindert werde,
ein bestimmtes Ziel zu erreichen, dann hängt mein Gefühl
nicht nur von solchen Aussichten ab, sondern auch davon, wie
wichtig das Ziel für mich ist und inwieweit ich mich fähig und
berechtigt fühle, es zu erreichen. Dabei hängt die jeweilige
Qualität unseres Denkens davon ab, inwieweit es uns hilft, unsere Liebesfähigkeit immer vollkommener zu machen, also
das dialektisch-erkennende Denken unsere kommunikative
Solidarität, das abstrakt-beurteilende Denken das Verständnis
von anderen und uns selbst und das analytisch-schlussfolgernde Denken unsere Effektivität, Leid zu mindern und gegenseitiges Verständnis zu fördern.

Es stellt sich nun die Frage, was diese Entwicklung der
menschlichen Sprache und des menschlichen Denkens notwendig und damit auf jeden Fall wahrscheinlich gemacht hat.
Wie schon unter 3.5 ausgeführt, haben sich verschiedene
Frauen um die Versorgung und Erziehung der Kinder geküm-
mert, und zwar gemeinsam, einer gemeinsamen Sorge bzw.
geteilten Absicht zufolge. Dazu mussten sie sich insbesondere
über das Befinden der Kinder austauschen, darüber, was sie zu
erkennen glaubten, was diese brauchten bzw. was gut für sie
war, wie sie z.B. die Kinder und ihre Entwicklung beurteilten,
und wie sie praktisch mit bestimmten Problemen bei der Kindererziehung und deren Versorgung umgehen sollten. Daher
musste ihre Sprache sowohl dialektisch-erkennend, abstrakt-
beurteilend und analytisch-schlussfolgernd werden.

Durch die entsprechende Kindererziehung, bei der Kinder auch lernten, in Gegenseitigkeit füreinander zu sorgen und sich zu kümmern, also bei der Versorgung und Erziehung mitzuhelfen, blieb die Sprache schließlich nicht nur eine Sache der Frauen, sondern wurde auch von den Männern übernommen, die ihre Vorstellungen darüber, was sie glaubten, erkannt zu haben, darüber, wie sie etwas beurteilten, oder darüber, was sie praktisch für Erfahrungen gemacht hatten, oft bildlich darstellten. Daraus entwickelten sich u.a. die Schriftzeichen, die ursprünglich kleine Grafiken gewesen sind. Im Unterschied zu Jagdgemeinschaften bei Tieren z.B. ging es Männern bei der Jagd schließlich immer mehr darum, dass alle gesund und wohlbehalten zurückkamen. Diese Art des Kümmerns und des Gemeinschaftsgefühls gibt es bei Tieren nur in Ansätzen, wenn z.B. bei Wölfen ein verletztes Rudelmitglied von allen die Wunden geleckt bekommt. Über ein derartiges Verhalten tauschen sie sich aber nicht aus und es findet auch nur relativ unorganisiert und ohne Überlegung statt, sodass sich ein ganzes Rudel z.B. an einem an Tollwut erkrankten Tier ansteckt.

Über eine so entwickelte menschliche Sprache, die uns immer mehr objektive, d.h. vom Ziel der vollkommenen Liebe entgegengestellte Wahrheiten verschiedener Art wiedergibt, „Tatsachenwahrheiten über die natürliche Welt, einschließlich naturwissenschaftlicher Gesetze; ewige und notwendige Wahrheiten der Logik und Mathematik; und evaluative und moralische Wahrheiten" (Nagel, 2016, S. 125), können wir die Vernunft kollektiv nutzen, „um zu gerechtfertigten Überzeugungen über einige dieser objektiven Wahrheiten zu gelangen – obwohl manche dieser Überzeugungen wahrscheinlich falsch sein werden" (ebenda, S. 125 f.), d.h. dass wir uns immer offenhalten sollten für die Rücknahme solcher Überzeugungen, die ja direkt oder indirekt beeinflussen, was wir tun und lassen.

Bewusstsein, Denken und Sprache sind zwar einerseits geistig und psychisch, aber dennoch nicht von physiologischen

Prozessen im Organismus zu trennen. Man kann sich das in etwa so vorstellen wie das Verhältnis von Hardware und Software bei einem Computer: Die Software ist ebenfalls nicht von der Hardware zu trennen, sie funktioniert nur mit ihr zusammen. Andererseits macht die Hardware erst mit der Software Sinn, d.h. beides wird erst durch ein bestimmtes Ziel, ein „Telos" sinnvoll. Ähnlich ist es mit allem Geistigen: Es ist mit dem Physischen untrennbar verbunden, kann sich nur mit dem Physischen entfalten, aber das Physische allein macht keinen Sinn, beide werden erst durch das Ziel der vollkommenen harmonischen Entfaltung mit ihren drei Aspekten der vollkommenen Ordnung, der vollkommenen Vorhersehbarkeit und der vollkommenen Problemlösbarkeit sinnvoll. So wie die Hardware eines Computers von Anfang an so konstruiert wurde, damit man mit einer entsprechenden Software den Computer benutzen kann, sodass das Ziel dieser Benutzbarkeit von Anfang an gegeben war, genauso stand, behaupte ich mit meiner teleologischen Konzeption der Natur, vom Urknall an schon das Ziel der vollkommenen harmonischen Entfaltung fest.

Das Beispiel des Computers passt allerdings nur auf die Konzeption der Natur, nicht aber auf die Entwicklung, denn hier folgt dieser einer intentionalen Konzeption, da nachträglich immer wieder neue Software aufgespielt und die Hardware erweitert werden kann, während bei meiner teleologischen Konzeption der Natur Neues sich nur aus dem Vorherigen entwickelt und es keine Außeneinflüsse außerhalb des gesamten Kosmos gibt. Allerdings können von außerhalb des uns bekannten Teils des Kosmos immer wieder neue Einflüsse kommen.

Aufgrund des engen Zusammenhangs von psychischen und geistigen mit physiologischen Prozessen will ich mich nun der Beziehung zwischen unserer Leiblichkeit und unserem Bewusstsein zuwenden.

# 5. Leiblichkeit und menschliches Bewusstsein

Wenn wir Menschen uns einer Situation (zur Definition und Erläuterung s. Ende von 3.4) bewusst sind oder werden, sind wir einerseits bewusst mit der Welt konfrontiert und
allem, was uns dort begegnet, andererseits aber auch bewusst
mit uns selbst bzw. unserem Selbstprozess, der sich in der Begegnung mit allem von der Welt ständig ändert. Ein wichtiger
Teilprozess unseres Selbst ist unsere Leiblichkeit, d.h. alle unsere Regungen, die uns unsere Lebendigkeit vermitteln. Wenn
wir uns allerdings im sogenannten „Als-ob-Modus" des Erlebens[3] befinden, nämlich auf fantasierte Möglichkeiten bezogen, indem wir uns in vorgestellte Situationen, z.B. von anderen versetzen, und wenn wir uns dann selbst in unserer realen
momentanen Situation aus der Perspektive eines anderen betrachten, sind wir reflexiv bzw. reflektiert, und sagen von uns,
dass wir einen Körper <u>haben</u>. Wenn wir dagegen von unseren
Regungen ergriffen werden, <u>sind</u> wir unser Leib und befinden
uns im sogenannten „Äquivalenz-Modus", wobei wir, da von
unseren eigenen momentanen Regungen unmittelbar beeinflusst, präreflexiv sind. Der Unterschied zwischen Körper und
Leib ist der, dass unser Körper nur die naturwissenschaftlich-
medizinisch und in diesem Sinn objektiv erfassbaren Selbstprozesse meint, also unsere physischen Wachstums- und Zer-
fallsprozesse bzw. die Gesamtheit unserer ineinander verwo-
benen physischen Prozesse, die von anderen erfasst werden
können, während der Leib alle Selbstprozesse meint, von denen wir durch unsere Regungen und insofern subjektiv etwas
direkt bzw. unmittelbar spüren, wovon andere direkt nichts

---

[3] Erleben ist die Art und Weise, wie wir in einer Situation Ausschnitte unseres In-der-Welt-Seins affektiv wahrnehmen, empfindungsmäßig beurteilen und uns erwartungsvoll vorfühlend vorstellen. Es ist das Erfahren
unseres In-der-Welt-Seins, dessen, was uns in der Welt widerfährt oder
begegnet, sodass unsere Regungen sich verändern.

mitbekommen können. Die Dualität von Körper und Leib äh-
nelt der in der Quantenphysik, wo alles die Charakteristik eines Teilchens und einer Welle hat. Neben dem Als-ob-Modus
und dem Äquivalenz-Modus gibt es noch den Realitätsmodus,
wenn wir die Auswirkungen unseres In-der-Welt-Seins erleben, also das, was die Welt uns wiederspiegelt. Diese drei
Modi befinden sich in einem absolut dialektischen Verhältnis,
wie man leicht zeigen kann, d.h. zwei von ihnen vermitteln den
dritten und dieser zwischen beiden.

Über unsere Regungen und damit über unsere Leiblichkeit erschließen sich uns die verschiedenen grundlegenden
Phänomene von uns selbst bzw. von unseren Selbstprozessen,
dass wir physische, soziale, teleologische und intentionale Akteure sind, und dass uns ständig etwas von der Welt begegnet,
uns etwas widerfährt und Regungen bei uns erzeugt bzw. verändert. Insofern sind wir unser Leib bzw. unsere leiblichen
Prozesse. Auf der anderen Seite erfahren wir sowohl als Akteure als auch bei bestimmten Widerfahrnissen immer mehr,
dass wir bestimmte körperliche Bereiche, Hände, Arme,
Beine, Füße usw., haben, die wir einzeln passiv spüren und
aktiv einsetzen können bzw. sogar müssen, um bestimmte Aktivitäten durchzuführen. Dabei finden wir immer mehr heraus,
dass wir einen Körper haben, den wir uns auf diese Weise an-
eignen, als etwas Eigentümliches von uns begreifen, und dessen Eigenschaften, die teils allgemein, teils spezifisch, teils für
uns eigentümlich sind, sich naturwissenschaftlich untersuchen
lassen. Leiblichkeit und Körperlichkeit sind also fundamental
für das Auftreten und die Entwicklung von Bewusstseinspro-
zessen. Insofern hilft die primäre Bezugsperson eines Kindes,
meistens die Mutter, ihm bei der Entwicklung seines Bewusstseins dadurch am besten, dass sie es immer wieder zum Wechsel verschiedener Perspektiven anregt, denn das Wahrnehmen
seiner Leiblichkeit geschieht aus einer gänzlich anderen Perspektive, nämlich einer psychisch-motivationalen, als das

Wahrnehmen körperlicher Prozesse, was nur aus einer geistigen Perspektive geschehen kann. Begreifen können wir dies alles nur, nachdem wir durch den Austausch mit anderen angeregt oft genug die Perspektive gewechselt haben und auch unsere Wirkung erfahren. Damit wird klar, dass Bewusstseinsentwicklung sowohl das Widerfahrnis eines begegnenden Gegenübers bedarf, als auch der eigenen Aktivität des Perspektivenwechsels, des Begreifens und des Handelns.

Betrachtet man die fünf verschiedenen Gegensätze, die mit den fünf verschiedenen Entwicklungsstufen des Selbstbewusstseins verbunden sind (s. 3. Kapitel), so ergibt sich, dass jeder Gegensatz erst bis zu einem bestimmten Punkt überwunden sein muss, d.h. die Gegensätze müssen bis zu einem gewissen Grad miteinander vermittelt sein, bevor ein Perspektivwechsel erfolgen und damit die nächste Entwicklungsstufe erreicht werden kann. Als physischer Akteur ist ein Lebewesen (das gilt für Tier wie für Mensch) sowohl _aktiv_ beim Handeln als auch _passiv_ beim Begreifen des Ergebnisses, und nur, wenn Handeln und Begreifen immer mehr sich ergänzen und so lebendig miteinander vermittelt sind, was dadurch erfolgt, dass Emotionen von Faszination als affektive Regung, Freude als Empfindung und Spaß als Gefühl, die sich jeweils leiblich regen, durch häufiges Wiederholen abstumpfen und sich beruhigen, nur dann kann es aus den beiden Perspektiven einen Gesamteindruck konzipieren, aus der geistigen Perspektive des aktiven Handelns und der materiellen Perspektive des passiven Sich-Widerfahren- bzw. Sich-Ergreifen-Lassens. Je mehr Handeln und Begreifen lebendig miteinander vermittelt sind, desto unmittelbarer wird der anfänglich nur konzipierte Gesamteindruck. Durch diesen Eindruck erkennt das betreffende Lebewesen immer mehr, dass es nicht immer eine bestimmte Aktivität ausführen kann. Auf diese Weise kann man immer mehr die entsprechenden Zusammenhänge verarbeiten und allmählich _berücksichtigen_ (hier klingt schon das Soziale an), wodurch derartige Aktivitäten ermöglicht werden. Hier spielen physiologisch-körperliche Prozesse eine wichtige Rolle, dass, wenn eine Erregung nicht abnimmt, ein Lebewesen nichts verarbeiten und insbesondere nicht zwischen zwei Perspektiven hin- und herwechseln kann und daher nicht lernt, bestimmte Voraussetzungen als solche zu begreifen.

Als sozialer Akteur ist ein Lebewesen <u>subjektiv</u> auf sich selbst als Akteur konzentriert, aber dabei genauso achtsam gegenüber den <u>objektiven</u> Gegebenheiten und Verhaltensweisen von anderen, und nur, wenn Rücksichtnahme anderen gegenüber und Konzentration auf sich selbst, also Objektives aus einer materiellen und Subjektives aus einer psychischen Perspektive heraus immer mehr lebendig miteinander vermittelt sind und so immer mehr zu einem unmittelbaren Gesamteindruck werden, und es gleichzeitig sich mit den leiblichen Regungen des affektiven Aufbrausens, der Wutempfindung und des Zorngefühls auseinandersetzt, ist es in der Lage, <u>teleologische</u> Verhaltensketten aufzubauen, bei denen unter Berücksichtigung des Ergebnisses der einen Handlung die nächste Handlung erfolgen kann. Physiologisch-körperlich weiß man von der Neurobiologie, dass eine zu starke Erregung der Amygdallae, wie hier durch aggressive Emotionen, im Hypocampus eine Blockade auslöst, die eine weitere Verarbeitung in kortikalen Strukturen verhindert, d.h. ohne eine Auseinandersetzung und Beruhigung der Emotionen können keine teleologischen Verhaltensketten aufgebaut werden.

Wenn auf der Ebene des teleologischen Selbst bei einem <u>diskontinuierlichen</u> Abbruch einer Handlungskette, weil es zu einem unerwarteten Ergebnis kam oder etwas Anderes passierte, was die nächste Handlung der Kette verhinderte, diese Tatsache Bedingung für die <u>kontinuierliche</u> Aneinanderreihung einer anderen nächsten Handlung wird, ist das betreffende Lebewesen in der Lage, aufgrund dieser Flexibilität konsequent <u>Absichten</u> zu verfolgen. Diese Flexibilität entwickelt sich aber nur dann, Diskontinuität aus einer teils materiellen (etwas Unvorhergesehenes passiert), teils geistigen (ein unerwartetes Ergebnis) und Kontinuität aus einer teils geistigen (geplante Absicherung gegen mögliche Eventualitäten), teils psychischen (Vertrauen auf die eigene Planung) Perspektive heraus betrachtet vermitteln nur dann immer mehr einen unmittelbaren Gesamteindruck, wenn die leiblichen Regungen des affektiven Schrecks, der Angstempfindung und des Furchtgefühls beruhigt werden. Da es auch hier um die Beruhigung von emotionaler Erregung geht, trifft dieselbe physiologisch-körperliche Erklärung zu wie in den vorigen Abschnitten.

Kommen wir nun zur Ebene des intentionalen Selbst: Geradlinig seine Absichten zu erreichen oder es oft immer wieder zu versuchen, bis seine Absichten erfüllt sind, also linear oder zirkulär voranzukommen, dies wird nur dann immer mehr miteinander lebendig vermittelt, wenn das betreffende Lebewesen mit den leiblichen Regungen umgehen kann, dass es affektiv schmerzlich berührt ist, dass es Trauer empfindet, oder dass es das Gefühl verzweifelten Leids hat, nicht das zu erreichen, was es sich so sehnlichst wünscht. Tiere und insbesondere Primaten geben an dieser Stelle deutlich früher auf als Menschen, sodass sie nicht die nächste Entwicklungsstufe erreichen können. Menschen haben nur deswegen ein wesentlich größeres Durchhaltevermögen, weil sie ihre Absichten, ihre Verzweiflung und ihr Leid miteinander teilen und sich in die Situation des anderen hineinversetzen können. Nur deswegen entwickeln sie das typisch menschliche Selbstbewusstsein auf der Entwicklungsebene des repräsentationalen Selbst, weil sie sich gegenseitig trösten können, was ihre physisch-körperliche Erregung beruhigt, und dann beginnen, ihre Absichten zu hinterfragen und damit sowohl ihre Affekte, Empfindungen und Gefühle bzw. ihre psychische Perspektive als auch ihre allgemeinen Ansichten, ihre individuellen Beurteilungen und ihre logischen Schlussfolgerungen bzw. ihre geistige Perspektive.

Diese beiden Perspektiven werden dadurch immer mehr lebendig vermittelt, sodass Menschen immer verantwortlich-reflektierter handeln. Zuerst hinterfragt ein anderer meine Absichten, nachdem er mich so getröstet hat, dass ich dafür aufnahmefähig bin, und dann beginne ich schließlich auch von allein, mich selbst zu hinterfragen. Indem ich meine Absichten relativiere, werden die Gegensätze einer linearen Verfolgung meiner relativierten Absichten, die mir aus einer geistigen Perspektive ideal erscheint, und einer zirkulären, bei der ich mich aus einer psychisch-motivationalen Perspektive gedrängt fühle, es immer wieder zu probieren, immer mehr lebendig miteinander vermittelt und vermitteln dadurch immer mehr ein unmittelbares Verständnis bzw. einen unmittelbaren Gesamteindruck, und der Weg selbst, ob geradlinig oder nicht, wird zum eigentlichen Ziel, d.h. meine Absicht wird immer mehr zu der Absicht, mich weiterzuentwickeln – das bleibt der geistige Anspruch – unter Wahrung einer möglichst großen Harmonie – und das der psychische. Im Unterschied zu allen Tieren wird bei uns Menschen der Gegensatz zwischen der psychisch-motivationalen Perspektive bzw. dem psychischen Aspekt unseres Daseins und der geistig-idealen Perspektive bzw. dem geistigen Daseinsaspekt explizit und damit bewusstseinsfähig. Wir können diesen Gegensatz verantwortungsbewusst bearbeiten und ihn zu überwinden trachten, womit wir im Zustand der vollkommenen Liebe angekommen wären.

Indem wir Menschen unsere Emotionen und unser Denken hinterfragen und unsere Regungen und Gedanken immer genauer untersuchen und erforschen, konzipieren wir Gegensätze und polarisieren, z.B. mithilfe der Gegensatzpaare aktiv-passiv, objektiv-subjektiv, kontinuierlich-diskontinuierlich und linear-zirkulär, die wir im Prozess unserer Leiblichkeit durch Beruhigung, im Prozess unserer Körperlichkeit durch das Lernen, neue Perspektiven einzunehmen, und insgesamt im Selbstprozess wie oben gezeigt durch immer unmittelbareres Verständnis schon teilweise lebendig miteinander vermittelt hatten. Durch diese Konzepte, mit deren Hilfe wir uns geistig orientieren, entsteht der nächste Gegensatz räumlich-zeitlich, eine Kombination aller vorherigen vier: jemand, der aktiv, subjektiv nur von sich ausgehend, sprunghaft alle möglichen Gelegenheiten wahrnehmend (diskontinuierlich) und geradlinig seine Absichten verfolgt und dabei also eine geistige Perspektive einnimmt, will möglichst schnell erfolgreich sein und nimmt billigend in Kauf, anderen den Raum zu nehmen, d.h. für ihn ist nur die Zeit wichtig und der gemeinsame Raum ziemlich egal, während eine andere Person, die passiv beobachtend, objektiv die Gegebenheiten berücksichtigend, auf Kontinuität achtend und geduldig mit Warteschleifen (zirkulär) ihre Absichten anstrebt, dabei eine psychische Perspektive innehat und sich selbst Zeit und anderen Raum lässt, d.h. für sie ist der gemeinsame Raum sehr wichtig und die Zeit ziemlich egal. Ferner schwindet bei immer genauerer räumlicher Orientierung, z.B. an welchen Orten welche Regeln des Zusammenlebens gelten, unsere zeitliche Orientierung, wann welche Verhaltensweisen angemessen sind im menschlichen Miteinander, und umgekehrt schwindet die räumliche Orientierung, wenn wir zu genau zeitlich planen.

Interessant dabei ist, dass im Deutschen der Geist und der Raum maskulin und die Psyche und die Zeit feminin sind. Hier wird das zumindest in unserer Kultur bestehende Verhältnis von männlich und weiblich deutlich: für die Seele ist der Raum wichtig und für den Geist die Zeit, und aus der Spannung zwischen Geist und Seele, männlich und weiblich, erwächst der Gegensatz räumlich-zeitlich. Wie im 3. Kapitel beschrieben, würden alle Gegensätze im Umgang mit der Realität genau dann verschwinden, wenn es zwischen dem (relativen) Psychisch-Motivationalen, welches wir sprachlich auf der Ebene des Bezeichnend-Apophantischen ausdrücken (darüber können sich auch Schimpansen austauschen), und dem (absoluten) Geistig-Idealen, worüber wir symbolisch-hermeneutisch sprechen (für Tiere unmöglich), keinerlei Spannung geben würde. Dies wäre genau dann möglich, wenn mir alle geistigen und psychischen Perspektiven einen unmittelbaren Gesamteindruck vermitteln würden, in welchem auch alle materiellen Perspektiven enthalten wären, da diese jeweils durch eine psychische und eine geistige Perspektive vermittelt sind. Damit wäre dieser Gesamteindruck auch echt, denn sonst, würde ich mich täuschen, dann gäbe es eine Perspektive, nämlich diejenige, aus der heraus ich die Täuschung wahrnehmen könnte, die in meinem Gesamteindruck nicht berücksichtigt worden wäre, ein logischer Widerspruch. Weil mein Gesamteindruck damit echt und unmittelbar wäre, würde ich das Worumwillen von allen anderen, die mir begegnen, und von mir selbst echt und unmittelbar verstehen. Das wäre die vollkommene Liebe, wie ich sie in „Dasein, um zu lieben" (Kolb, 2017a) definiert habe. Genau dann, wenn wir echt und unmittelbar uns in unserem Worumwillen verstehen könnten, wenn also unsere psychische Perspektive des unmittelbaren leiblichen Spürens in vollkommener Einheit wäre mit der geistigen Perspektive täuschungsfreien Erkennens, also genau in der vollkommenen Liebe, würde jeder Gegensatz im Handeln als solcher verschwinden.

    Weil ich menschliches Denken mit Sprechen und Sprache verknüpft habe, möchte ich vertieft auf diese Phänomene und auf das Phänomen zweier verschiedener Sprachebenen (symbolisch-hermeneutisch und bezeichnend-apophantisch) eingehen, welches uns im menschlichen Dasein zum ersten Mal in der frühen Kindheit begegnet, wenn ein Kind von etwa drei Jahren zwischen den beiden Erlebnismodalitäten des Als-ob-Modus und des Äquivalenz-Modus hin- und herwechseln kann (Fonagy, Gergely, Jurist, & Target, 2008). Es hat dann z.B. gelernt, wie es das Wort „Geist" verwenden kann. Wittgenstein meint, wir sprechen von einem Geist, als ob etwas existiert, wofür es aber kein greifbares Äquivalent gibt. „Wo unsere Sprache uns einen Körper vermuten lässt, und kein

Körper ist, dort, möchten wir sagen, sei ein Geist." (§ 36) (Wittgenstein, 2001).

Beim Phantomschmerz, um ein anderes Beispiel zu nehmen, nehme ich eine psychisch bestimmte Perspektive ein, bin also im Äquivalenz-Modus und empfinde meinen Zustand als äquivalent zum Zustand vor der Amputation. Ich mache mich unter solchen Bedingungen eventuell von anderen abhängig, etwa von einem Arzt, der mir sagt, ich könne keine Schmerzen haben, obwohl ich welche empfinde. Ich bin dann vielleicht ganz entgeistert und glaube dem Arzt und nicht mir, als ob meine Empfindungen und mein Denken darüber falsch und daher gar nicht meine eigentlichen Empfindungen und mein eigentliches Denken sind, als ob meine Seele und mein Geist gar nicht meine Seele und mein Geist sind, als ob ich erst von außen beseelt und begeistert werden muss und bis jetzt nur ein Zombie bin, mit dem man machen kann, den man beliebig benutzen kann. Mein Körper, den ich jetzt „objektiv" wahrnehme als Objekt und der ich nicht mehr subjektiv als Leib bin, wird sozusagen von außen beseelt und mit Geist versehen, eine Beseelung und Begeisterung von außen, und ich bin nur Körper, nur Staub, ein Nichts, von außen bestimmt und nicht von mir selbst. Mein Selbst ist bei dieser Vorstellung mein Körper, und meine Seele und mein Geist, das bin nicht ich – und das ist schizophren.

„Innen" und „außen" sind hier in dem Sinn verwendet, dass „innen" eigentümlich bedeutet und „außen" etwas Anderes bezeichnet, was nicht zu einem selbst gehört. Staemmler kritisiert die Verwendung dieser Begriffe und den der Internalisierung (Staemmler, 2015, S. 96 - 101). Dem ist hinzuzufügen, dass wir in der Regel das mit „innen" bezeichnen, was wir als zu uns gehörig akzeptieren, und wovon wir uns einbilden, dass es nur uns gehört und oft noch zusätzlich, als ob wir darüber verfügen könnten. Entsprechend bedeutet „außen" meistens etwas, das uns fremd ist, was wir oft auch nicht akzeptieren und wovon wir uns dann einbilden, dass wir nichts damit zu tun hätten. Je mehr unsere Liebesfähigkeit sich allerdings einer utopischen Vollkommenheit nähert und unser Bewusstsein sich immer mehr erweitert durch immer mehr echtes und unmittelbares Verstehen von immer mehr Sein und Seiendem, desto mehr verschwimmen die Grenzen zwischen „innen" und „außen", und in der Utopie der vollkommenen harmonischen Entfaltung wäre diese Gegensätzlichkeit, soweit sie unser Handeln betrifft, wie alle anderen vollkommen aufgehoben.

Bei der Vorstellung der Beseelung und Begeisterung von außen bin ich nur dann nicht schizophren, bin immer noch selbst meine Seele und mein Geist, wenn ich mir klar darüber werde, dass ich vom Erleben meine Empfindungen und im Äquivalenz-Modus bin und in den Als-ob-Modus wechseln kann. In diesem Modus habe ich Gefühle, die mit entsprechenden Vorstellungen verknüpft sind, die ich dann habe. Das ist normal und nötig, damit ich entscheiden kann, welche Alternative meines Seinkönnens ich handelnd umsetzen will oder sollte und welche nicht. Im Als-ob-Modus stelle ich mir diese Alternativen ja geistig vor. Mit verschiedenen Vorstellungen sind verschiedene Gefühle verknüpft, sodass ich andere Gefühle bekomme, wenn ich mir andere Vorstellungen vermittelt durch andere aneigne. In diesem Sinne kann eine Begeisterung und Beseelung von außen stattfinden.

Wenn ich die Meinung und das Gefühl eines anderen ausdrücke und dabei glaube, es sei meine Meinung und mein Gefühl, obwohl das nicht stimmt, dann bin ich im Äquivalenz-Modus und zugleich in einem anormalen Bewusstseinszustand, z.B. in Hypnose oder in einem psychotischen Schub. Im Als-ob-Modus dagegen bin ich wie jemand, der die Rolle eines anderen spielt und davon weiß. Ich weiß dann auch, dass mein körperlicher Ausdruck mein eigentliches Sein verdeckt. Wir drücken dies meist so aus, dass der Körper als Objekt für andere ein Hindernis darstelle, Seele und Geist zu erkennen. Im psychotischen Schub ist mein Körper dies auch für mich. Dann

rede ich wie im Als-ob-Modus, obwohl ich mich im Äquivalenz-Modus befinde, also meine geistigen Vorstellungen (Als-
ob-Modus) für äquivalent mit der Wirklichkeit halte, sodass
beide Modi vermischt sind.

Dagegen meint Wittgenstein, dass der „menschliche
Körper [...] das beste Bild der menschlichen Seele"
(Wittgenstein, 2001, S. 1002, PU 496) sei. In diesem Sinne
sind Leib (ich denke, Wittgenstein meint mit „menschliche
Körper" das, was ich hier als Leib bezeichne) und Seele äquivalent, und genau dies ist mit dem Äquivalenz-Modus des Erlebens gemeint. Wenn unser Leib das beste Bild der Seele ist,
dann vertraue ich darauf, dass ich für andere, die mich leibhaf-
tig wahrnehmen, in meinen Äußerungen verständlich bin.
Meine Seele ist in diesem Sinne leiblich geworden, sie ist ab-
bildhaft Fleisch geworden nach außen hin, eine Fleischwerdung nach außen und damit für andere begreifbar, und mein
Leib ist das fleischliche Bild meiner Seele. Mein Körper zer-
fällt irgendwann einmal zu Staub, aber mein Leib hört im Tod
nur auf zu existieren bzw. sich herauszustellen (die wörtliche
Bedeutung von „existieren"). Als Leib bin ich das fleischliche
Abbild meiner Seele und so auch mir selbst verständlich, sobald ich mich selbst in anderen spiegeln kann, mich mit ihren
einfühlsamen Augen sehe, ich bin selbst-verständlich mein
Leib.

Wenn ich nun mich selbst als meinen Leib wahrnehme,
dann sage ich, ich bin ich selbst, ich bin mein Leib. Ein wört-
liches selbst-verständliches Mein-Leib-Sein, wenn es nicht
wie bei der oben erwähnten Vorstellung der Beseelung und
Begeisterung von außen schizophren sein soll, setzt aber voraus, dass ich nicht nur mein Selbst, sondern auch meine Seele
und meinen Geist mit meinem Leib identifiziere, doch ist das
nicht schizophren? Man kann aufzeigen, dass das Selbst (immer als Prozess!) in unserer Ergriffenheit, unseren Erwartungen und daher in unserer Seele und unserem Geist phänomenal

enthalten und aus unseren Täuschungen und damit aus unserem Leib mit seinen körperlichen Eigenheiten (ich möchte das Gesamtphänomen von Leib und Körper als körperlichen Leib bezeichnen) – genauer aus dem körperlich-materiellen Aspekt unseres Daseins – ableitbar ist (Kolb, 2017a). Ableitbar, weil der Leib das Bild unserer Seele ist, und unsere körperlichen Besonderheiten teilweise Ergebnisse geistiger Entwicklungen sind (z.b. weil ich ein bestimmtes Aussehen haben will und dafür hungere, trainiere oder mich operieren lasse), und phänomenal enthalten, weil unser Selbst von der Welt ergriffen ist und Erfüllung erwartet, und wenn ich keine Erfüllung mehr erwarte und daher nicht von der Welt ergriffen bin, sondern enttäuscht, ist dies nur der defizitäre Modus meines erwartungsvollen Ergriffen-Seins. Wenn ich also mein Selbst mit meinem körperlichen Leib identifiziere, dann ist das so, als sagte ich zu meinem Bild in einem Spiegel: „Das bin ja ich!" Wenn das wörtlich so stimmte, dann hätte ich mich verdoppelt, und das wäre tatsächlich schizophren. Da ich aber normalerweise im Alltag zu meinem Spiegelbild sage, dass ich das bin, ohne der Meinung zu sein, dass ich mich verdoppelt habe, kann ich auch sagen, ich bin selbstverständlich mein körperlicher Leib mit seinen körperlichen Eigenheiten, ohne mein Selbst damit gleichzusetzen, also ohne schizophren zu sein. Ich bin also, wenn ich sage, „ich bin mein Leib", vom Erleben her in einem Äquivalenz-Modus, denn mein Selbst und mein körperlicher Leib sind äquivalent, also einerseits gleichwertig, andererseits aber nicht gleich. Bei der Vorstellung der Fleischwerdung nach außen betrachte ich meinen körperlichen Leib ja als Abbild und setze ihn gerade nicht mit meinem Selbst gleich, welches in ihm auch nur abgebildet wird. Seele und Geist sind Fleisch geworden im körperlichen Leib und damit in die Welt gekommen, in die Realität, in die Wirklichkeit, sodass ich deren Auswirkungen in der Welt wahrnehmen kann. Vom Erleben her kann man diesen Modus, in den ich durch diese Vorstellung hineinversetzt bin, auch deswegen als Äquivalenz-

Modus bezeichnen, weil Seele und Geist im körperlichen Leib Fleisch geworden, relativ geworden und ihm äquivalent sind und sich als (relative) Repräsentationen des (relationalen) Daseins im Umgang mit der Realität, im praktischen Leben, bewähren können, dürfen, sollen, müssen, wobei ich mich dann im Realitäts-modus befinde und die Auswirkungen meines Daseins in der Welt wahrnehmen kann.

Auf den ersten Blick scheinen sich die beiden Vorstellungen der Beseelung und Begeisterung von und der Fleischwerdung nach außen zu widersprechen, aber wenn wir uns die Entwicklung eines Kindes in der Mutter-Kind-Beziehung der ersten Lebensjahre betrachten, dann findet beides parallel zueinander statt. Einerseits begeistert die Mutter ihr Kind von außen, wobei dieses sich vom Erleben her im Als-ob-Modus befindet und sich beim Kontakt mit seiner Mutter durch entsprechendes Denken verschiedene Vorstellungen im Laufe des Kommunikationsprozesses aneignet, und sie beseelt es von außen, indem sie es z.B. einfühlsam berührt oder mit einfühlsamer Stimme spricht, wobei das Kind im Äquivalenz-Modus des Erlebens ist, denn es erlebt die Liebe der Mutter am Leib, der äquivalent zu seiner Seele ist. Andererseits setzt sich das Kind vom Erleben her in beiden Modi immer mehr mit der Welt auseinander und seine Seele entfaltet sich im Äquivalenz-Modus und sein Geist im Als-ob-Modus, und beides wird im „Fleisch" seines körperlichen Leibes und dessen Ausdruck immer sichtbarer und damit äquivalenter zum körperlichen Leib, bis es am Ende dieses Entwicklungsabschnitts mit etwa vier Jahren vom Erleben her damit beginnt, die beiden Modi sowie Geist und Seele immer mehr miteinander zu verknüpfen. Vorbild ist dabei, wie die Mutter ihre Begeisterung und Beseelung ihres Kindes miteinander verbindet. Außerdem kommt jetzt der Vaterbeziehung die besondere Bedeutung zu, dass er dem Kind das Erleben im Realitätsmodus auf eine verglichen mit der Mutter alternativen Weise nahebringt. Dies ist ab diesem Zeitpunkt deswegen sehr sinnvoll, weil das Kind die anderen beiden Modi immer mehr verbindet, die ja zusammen den Realitätsmodus vermitteln.

Die Liebe zwischen Mutter und Kind entwickelt sich ähnlich wie später in anderen Beziehungen des Kindes bzw. des späteren Erwachsenen: Zuerst erkennen die beiden einander als ihr Kind, das sie geboren hat, und als seine Mutter, die es an der Stimme, die es im Mutterleib gehört hat, oder am Geschmack der Muttermilch wiedererkennt, die wie das Fruchtwasser schmeckt, und beide lernen sich und ihre jeweiligen Eigentümlichkeiten immer mehr kennen – später sind es vielleicht Pheromone, ein bestimmtes Aussehen oder bestimmte Verhaltensweisen, also auch bestimmte Eigentümlichkeiten, die bestimmte Arten der Beziehung zu anderen stiften. Was hier im Modus des Genus stattfindet, hat deutliche Bezüge zum Leiblichen, aber auch zum Seelisch-Motivationalen, denn das Erleben des Leiblichen spielt sich im Äquivalenzmodus ab und beeinflusst so die Befindlichkeit und das Empfinden, was dann im Modus des Individuums zu bestimmten geistigen Vorstellungen führt, die im Als-ob-Modus erfahren werden. Diese beeinflussen die Aktivitäten im Modus der Spezies, deren Konsequenzen sowohl die Äquivalenz als auch das Als-ob real werden lassen, sodass das Erleben in einem Realitätsmodus stattfindet, der die Äquivalenz und das Als-ob entweder bestätigt oder als Täuschung entlarvt. Diese u.U. neuen Erkenntnisse gestalten die Beziehung dann immer weiter, sodass sich die Liebe und die Liebesfähigkeit immer weiter entwickeln können. Wie man leicht sehen kann, stehen die drei Modi des Erlebens, der Äquivalenzmodus, der Als-ob-Modus und der Realitätsmodus in einem absolut dialektischen Verhältnis wie die drei Modi des Daseins, der Modus des Genus, des Individuums und der Spezies bzw. die drei Daseinsaspekte des Psychisch-Motivationalen (Äquivalenz), des Geistig-Idealen (Als-ob) und des Körperlich-Materiellen (Realität).

Die Entwicklung der Liebe in einer Partnerschaft verläuft dann so: Zu Anfang ist man verliebt, glaubt in der oder dem anderen sein oder ihr ideales Gegenstück zu erkennen. Mit der Zeit werden aber die Als-ob-Vorstellungen nicht erfüllt, und die der Verliebtheit äquivalente Ergriffenheit wird enttäuscht, sodass es zur Krise der Beziehung kommt. Die immer größere Entfaltung dieser Ergriffenheit und der Idealvorstellung vom anderen droht immer chaotischer zu werden, sodass mehr Harmonie in Form von Verbindlichkeiten und Toleranz erforderlich wird, die Beziehung wieder harmonischer wird, indem man nicht nur Idealforderungen an den anderen stellt, sondern auch sich selbst und seine oder ihre Liebesfähigkeit weiterentwickelt. Wenn dies gelingt, wobei es manchmal wichtig ist, sich gegenseitig zu unterstützen, aber manchmal auch, sich gegenseitig in Ruhe zu lassen, dann entwickelt sich die Liebe zwischen beiden immer mehr, bis sie ein Niveau erreicht, dass alle Meinungsverschiedenheiten und Auseinandersetzungen ihr nichts mehr anhaben können.

Am Anfang seiner Entwicklung „hat" ein Kind in den gefühlsmäßigen geistigen Vorstellungen der Möglichkeiten seines Seinkönnens einen Körper, den es benutzen kann, aber im Laufe seiner Entwicklung, wenn diese Vorstellungen differenzierter werden, identifiziert es sich mit verschiedenen Körperteilen und „ist" immer mehr sein Leib. Vom Seelisch-Motivationalen her „ist" es anfänglich nur ein Leib, empfindet sich als Teil seiner Mutter, bis es allmählich begreift, dass es verschiedene körperliche Bereiche und damit Körperliches „hat". Entsprechend ist das Psychisch-Motivationale zuerst nur auf die Vergangenheit bezogen, die ein Kind z.B. gerne wieder-holen möchte, wenn sie erfüllend war, und erst nach und nach wird es von idealen zukünftigen Möglichkeiten befindlich angezogen; und vom Geistig-Idealen her ist es zu Beginn seiner Entwicklung auf eine vorgestellte Zukunft ausgerichtet, die es z.B. bei anderen mitbekommen hat, und bezieht erst allmählich vergangene eigene Möglichkeiten in seine Vorstellungen mit ein. So verbinden sich Seele und Geist, behalten aber immer eine gewisse Eigenständigkeit bei, die erst in der vollkommenen Liebe aufgehoben wäre.

Die Beseelung und Begeisterung von außen (anfänglich i.d.R. von der Mutter) ist der „Hebel der Außenwelt", wie E.T.A. Hoffmann schreibt, der die „Sehnsucht der Liebe" weckt, wie es in Schopenhauers Metaphysik der Geschlechterliebe heißt, der Hebel, der jene Kraft in Bewegung setzt, die zu einer Fleischwerdung nach außen führt. Diese Fleischwerdung mutet uns teilweise an wie ein Carneval (Carne = Fleisch, valere = wert, gültig sein), wenn das „Fleisch" auf manchmal groteske Weise auf Wert und Gültigkeit besteht und sein Recht verlangt. Die Welt erscheint dann geistig – im Als-ob-Modus – auf den Kopf gestellt, und das Dasein bekommt bei dieser Vermischung von Als-ob- und Äquivalenz-Modus wahnhafte Züge wie in Shakespeares Sommernachtstraum. Hier kann das Lachen, der Humor eine gesunde Distanz schaffen und das Wahnhafte auflösen.

In der Pubertät lernt der Jugendliche, seine Seele bzw. seine Empfindungen und seine Gedanken bzw. seinen Geist hinter seinem sich geschlechtlich entwickelnden körperlichen Leib immer mehr zu verbergen, bis er sich dann als Erwachsener in der intimen leiblichen Partnerbeziehung wieder mehr mit seinen Empfindungen und Gedanken körperlich und leiblich zeigt. So kann das immer hin und her gehen, dass der Körper einmal Seele und Geist verbirgt und dann der Leib beides wieder offenbart. Wir können hier einen Rhythmus der Entwicklung des menschlichen Daseins erkennen, das sich nicht geradlinig auf das utopische Ziel der vollkommenen Liebe hin entwickelt, sondern teils linear, teils zirkulär.

Seele und Geist sind aber nie vollkommen vereint, das wäre nur in der vollkommenen Liebe der Fall. Von daher sind auch Als-ob-Modus und Äquivalenz-Modus zwar verbunden aber trotzdem verschieden. Dasselbe gilt für die beiden

Sprachebenen, mit denen wir einerseits im Als-ob-Modus vom Transzendenten bzw. Absoluten reden und sagen, dass wir als absolutes und unverfügbares Selbst <u>einen Körper haben</u>, und andererseits im Äquivalenzmodus die Rede vom Relativen bzw. vom Diesseitigen führen, wobei wir dann sagen müssen, dass wir im relativen Dasein <u>unser Leib sind</u>. Wenn wir das verwechseln und z.B. Körper-Haben und Leib-Sein miteinander vermischen, dann verwechseln wir Absolutes mit Relativem, und das ist wahnhaft. Im handelnden Kontakt mit unserer Umwelt können wir dies auflösen und im Realitätsmodus erleben, was wir an unserem Körper mit seinen Möglichkeiten tatsächlich <u>haben</u> und auf welche Weise wir wirklich unser Leib mit seinen Regungen <u>sind</u>.

Um noch einmal auf den Phantomschmerz zurückzukommen, so besteht hier vor allem ein psychisches Problem. Wenn wir vom Seelischen her, welches erst später den Als-ob-Modus und die zukünftigen Möglichkeiten entdeckt, noch nicht verstehen, dass wir nur noch Möglichkeiten <u>haben</u>, in einem Bein etwas zu spüren, dann empfinden wir ab und zu Phantomschmerzen, da wir psychisch auf die schmerzhafte Vergangenheit ausgerichtet sind, als das Bein wegen Schmerzen und Krankheit amputiert werden musste (bekanntermaßen treten Phantomschmerzen umso häufiger und umso schlimmer auf, je größer die Schmerzen vor der Amputation waren). Daher fordert unsere Psyche bei Phantomschmerzen unseren Geist auf, für unser Bein zu sorgen. Nach einer Amputation muss unsere Seele begreifen, dass wir <u>nicht</u> mehr ein Leib mit einem schmerzenden Bein <u>sind</u>. Unser Geist begreift noch nicht den Äquivalenz-Modus und vergangene Bedingungen, als wir ein Leib mit einem schmerzenden Bein <u>waren</u>. Würden wir jetzt auf unsere Psyche hören, weil wir uns vom Geist her auf den Als-ob-Modus und die Möglichkeit verstehen, <u>als ob</u> wir noch zwei Beine hätten, und würden wir daher aufstehen und versuchen, mit zwei Beinen zu laufen, dann würden wir hinfallen und durch diese Täuschung und Enttäuschung vom

Geist her ziemlich schnell verstehen, dass wir über die Möglichkeit dieses Seinkönnens nicht mehr verfügen und nur noch
ein Bein haben.

Ganz allgemein verstehen wir etwas am besten durch
positive Fakten, die wir wahrnehmen, greifen und begreifen
können. Eine Täuschung ist wahrnehmbar und daher so ein positives Faktum. Aber kein Leib mehr mit einem schmerzenden
Bein zu sein trotz früherer äußerst schmerzhafter Erfahrungen
und Empfindungen mit einem derartigen Leib, ist ein negatives Faktum, sodass es von unserer Psyche her wesentlich
schwieriger ist, dieses Faktum eines Nicht-Schmerzes zu begreifen. Insofern ist der Phantomschmerz vor allem ein psychisches Problem.

Je mehr wir vom Geist her den Äquivalenzmodus und
daher das Psychisch-Motivationale verstehen und damit im
Als-ob-Modus eine Inszenierung kreieren können, in der wir
uns leiblich mit unversehrten Beinen empfinden, was z.B. mit
der Spiegelmethode gelingen kann (das vorhandene Bein spiegelt sich, sieht im Spiegel aus, als ob es das amputierte wäre,
und wird mit diesem leiblich identifiziert (Äquivalenz), sodass
eine Berührung des vorhandenen Beins an der Stelle des Phantomschmerzes des anderen Beins den Eindruck am nur als
Spiegelbild vorhandenen Bein vermittelt, dass dort real nichts
mehr weh tut), desto mehr begreifen wir uns dann vom seelischen Aspekt her als Leib, der vom Phantomschmerz befreit
ist, und Geist und Psyche begreifen und verstehen dasselbe.

Letztlich kann man alle psychischen Probleme darauf
zurückführen, dass es eine vergangene Erfahrung gibt, die wie
ein Phantom immer wieder in der Gegenwart auftaucht und
unsere Emotionen negativ beeinflusst. Ein psychisches Problem haben wir immer dann, wenn wir vom psychisch-motivationalen Aspekt her etwas vermeiden oder erreichen wollen,
wir aber aufgrund vergangener Erfahrungen affektiv unangenehm berührt, empfindungsmäßig negativ eingestellt und gefühlsmäßig gestimmt befürchten, dass wir nicht oder nicht

ohne Nachteile tun oder erreichen können, was wir wollen. Beim Phantomschmerz ist es die vergangene Erfahrung, den Schmerz nicht in den Griff zu bekommen. Erst wenn diese Erfahrung durch immer mehr andere Erfahrungen immer bedeutungsloser geworden ist, ist das psychische Problem gelöst. Beim Phantomschmerz kann dies mit der oben beschriebenen Spiegelmethode gelingen, indem dabei immer wieder der Eindruck vermittelt wird, dass das amputierte Bein nicht mehr weh tut, sondern ein anderer taktiler Reiz real erfahren wird. Bei anderen psychischen Problemen kann es helfen, bestimmte Schlüsselszenen, die die entsprechende Erfahrung vermittelt haben, in einer Art Psychodrama oder Trance-Phantasie neu zu inszenieren, oder man kann gleich Teile des Selbstprozesses, in denen das Problem auftaucht, durchspielen und so verarbeiten, denn beim Durcharbeiten von psychischen Problemen geht es immer um diesen Selbstprozess, der durch die Spiegelung anderer beeinflusst wird, den wir aber auch durch unser eigenes Reflektieren (Als-ob-Modus), Identifizieren (Äquivalenz-Modus) und Erleben (Realitätsmodus) dabei verändern können.

Für derartige Veränderungen muss das Identifizieren im Äquivalenz-Modus stattfinden, da es sich um psychische Probleme handelt, und das Erleben im Realitätsmodus. Unter dem psychisch-motivationalen Aspekt betrachtet sind wir ja unser Leib, sodass alle Veränderungen leiblich und körperlich erlebt werden müssen. Bei der Spiegelmethode zur Auflösung des Phantomschmerzes erfährt die betreffende Person ja auch leiblich und körperlich durch die Berührung derselben Stelle, wo er oder sie den Schmerz am amputierten Bein zu spüren meint, am vorhandenen Bein, dass an dessen Spiegelung, welche sie mit dem amputierten Bein identifiziert, nichts mehr weh tut.

Insgesamt sind also drei Dinge wichtig und entscheidend zur Lösung psychischer Probleme: das eigene geistige Reflektieren des psychischen Problems im Als-ob-Modus, um ein Vehikel für das Erleben zu schaffen, und das leibliche Identifizieren im Äquivalenz-Modus und das leibliche Erleben im Realitätsmodus. Schlüsselszenen zu bearbeiten, in denen üblicherweise wichtige Bezugspersonen eine Rolle spielen, bedeutet normalerweise, den Wunsch und seine Vermeidung zu bearbeiten, von ihnen anders behandelt zu werden, z.B. mehr gesehen zu werden oder anders gesehen zu werden. Wie beim Phantomschmerz kann es helfen, das psychische Problem zu lösen, wenn man seinen Selbstprozess spiegelt (beim In-Szene-Setzen) und nach einer leiblich spürbaren Identifizierung der kritischen Stelle den Finger auf diese legt, sodass man greifen und begreifen kann, dass es kein Problem mehr gibt. Der Selbstprozess ist ja dialogisch (Modus des Genus) im gewissermaßen rhythmischen Wechselspiel verschiedener Positionen (und diesen Dialog kann man immer wieder neu durchspielen), dialektisch (Modus des Individuums) im zeitlich wachsenden Selbstverständnis (durch das erneute Durchspielen) und handelnd (Modus der Spezies) im räumlich sich einlassenden Umgang mit der Welt (weil man sich nach dem veränderten Durchspielen neu einlassen kann).

Das Problem des Phantomschmerzes, welches sich auf alle psychischen Probleme übertragen lässt, zeigt die Grenzen des Psychischen und des Leiblichen auf, wenn wir jedoch unseren Leib in körperliche Einzelheiten aufbrechen und ihn als Körper betrachten, den wir haben, dann zeigen sich dabei die Grenzen des Geistigen, das den Blick auf das Ganze trübt. Wie bei einem zerbrochenen Spiegel sehen wir nur noch ein Zerrbild, der Körper als aufgebrochener Leib stellt ein Hindernis dar, Seele und Geist zu erkennen, insbesondere unsere Befindlichkeit. Es gibt z.B. medizinische Befunde, bei denen jeder Arzt meint, der Betreffende müsste starke Schmerzen haben, was aber gar nicht der Fall ist, und es gibt Menschen, die z.B. Rückenschmerzen haben, und kein Arzt kann etwas feststellen. Auf diese Weise kann das Seelische-Geistige für andere verdeckt sein. Wenn wir unseren Leib z.B. dadurch aufbrechen, dass wir ihn missbrauchen (chronische Überanstrengung oder Substanzmissbrauch) riskieren wir neben medizinischen Schäden (ein aufgebrochener Leib) auch sogenannte psychische und Geisteskrankheiten. Dann ist das Seelisch-Geistige für uns selbst verdeckt.

Allgemein lässt sich sagen, dass sich mit der Entwicklung des Bewusstseins immer wieder eine Spannung aufbaut zwischen Psychisch-Motivationalem und Geistig-Idealem (s. 3. Kapitel), nämlich zwischen Ergriffenheit und Erwartung, die man im Materiellen als Täuschung erkennen kann. Mithilfe meiner Ausführungen in diesem Kapitel, die ich deswegen so umfangreich dargelegt habe, wollte ich zeigen, dass durch die Entwicklung unseres menschlichen Bewusstseins ebenfalls eine Spannung zwischen Geistigem und Seelischem aufgekommen ist, die sich an der körperlichen Leiblichkeit demonstrieren lässt: Einerseits haben wir vom Geistigen her einen Körper, den wir für unsere Ideale einsetzen und gebrauchen wollen und dabei oft ausnutzen, andererseits sind wir vom Seelischen her ein Leib mit Bedürfnissen und manchmal phantomhaften Bedürfnissen, die erfüllt werden wollen. „Erst kommt das Fressen, dann kommt die Moral", so drückt Bertolt Brecht dieses Problem in der Dreigroschenoper aus, wobei er beides karikiert, als ob wir einerseits noch wilde Tiere wären und andererseits naive Moralisten oder raffinierte Heuchler. Damit kommen wir zur Ethik und zu menschlichen Werten und Normen, ein Thema, das ich im nächsten Kapitel behandeln will.

# 6.    Das Problem der Werte und Normen

Die Hauptfrage der Ethik, was man tun soll, muss aus demselben Grund, weswegen man die Vernunft an der vollkommenen Liebe messen soll, lauten, wie der Mensch darin gefördert werden kann, seine Liebesfähigkeit immer weiter zu entwickeln und zu vervollkommnen. Daher möchte ich zuerst aus dem Verhalten der Mutter ihrem Kind gegenüber, wenn sie ihm während seiner ersten Lebensjahre hilft, immer wieder die Perspektive zu wechseln und so immer menschlicher zu werden bzw., wenn sie seine Liebesfähigkeit dadurch immer weiterzuentwickeln hilft, dass sie es anleitet, mit den fünf Gegensätzlichkeiten auf den fünf Entwicklungsebenen des Selbst (Kolb, 2017a, S. 66 ff., 3. Kapitel) immer besser umzugehen, allgemeine ethische Prinzipien ableiten, die einerseits menschlich allgegenwärtig sind, deren einzelne Bedeutung und deren jeweiliges Gewicht jedoch in verschiedenen Kulturen unterschiedlich sein kann.

Von Anfang an hilft die Mutter ihrem Kind dabei, dass es so wenig wie möglich leidet. Insbesondere bei seiner Entwicklung zum physischen Akteur gestaltet sie sein Umfeld einschließlich seiner Spielsachen derart, dass es sich so wenig wie möglich weh tut. Leidminderung für andere scheint ein grundlegendes ethisches Prinzip zu sein. Auf der Entwicklungsebene des sozialen Selbst vermittelt die Mutter ihrem Kind, dass es nicht in Ordnung ist, anderen einfach so etwas anzutun, dass es Grenzen bei seinen Aktivitäten gibt nach dem Prinzip der Gegenseitigkeit bzw. der Fairness, wodurch auch dem Kind das Prinzip der Leidminderung vermittelt wird, nämlich, dass es selbst nicht unnötig Leid verbreiten soll. Bei Gefahren, denen ein Kind bewusst zum ersten Mal auf der Ebene des teleologischen Selbst begegnet, ist es wichtig, sich erfahrenen Menschen anzuvertrauen und Schutz bei ihnen zu suchen, d.h. hier gilt es, sich an Ältere und legitime Autoritäten zu wenden. Im Gegenzug, also nach dem Prinzip der Gegenseitigkeit, sollte man diese Personen dafür achten und auf sie hören und damit das Prinzip einer vernünftigen Rangordnung beachten. Auf der Ebene des intentionalen Selbst bringt die Mutter ihrem Kind bei, dass man zusammen seine Ziele besser erreicht als allein, dass man aber auch Versprechen nicht nur geben, sondern auch halten soll, sonst achtet und respektiert man den anderen nicht, was schon beim ethischen Prinzip der Rangordnung beachtet werden sollte. Sie vermittelt ihrem Kind also das Prinzip der Loyalität bzw. Bündnistreue. Wenn das Kind schließlich seine Unzulänglichkeiten bzw. sein Schuldig-Sein-Können auf der Entwicklungsebene des repräsentationalen Selbst begreift, zeigt ihm seine Mutter, wie wichtig es ist, nach Möglichkeit alles wiedergutzumachen, was man angerichtet hat, und versprechen, in Zukunft so etwas nicht mehr zu wiederholen. Das gebietet schließlich auch die Loyalität den anderen gegenüber, das Prinzip der Bündnistreue. Auf der anderen Seite sollte man einem Schuldigen gegenüber Barmherzigkeit zeigen und ihm verzeihen, d.h. es nicht persönlich nehmen. Zusammen mit der Wiedergutmachung ist die Beziehung bzw. die betreffende Angelegenheit dann vollständig bereinigt. Man könnte dies daher insgesamt als das ethische Prinzip der Reinhaltung von Beziehungen bezeichnen.

Wenn man diese fünf ethischen Prinzipien vollkommen erfüllen wollte, was natürlich eine Utopie ist, dann wäre es dazu notwendig und hinreichend, vollkommen zu lieben. Dies ist eine andere Herleitung dessen, dass das utopische Ziel der vollkommenen Liebe allgegenwärtig in unserem Dasein bezeugt ist. Damit kann der Streit geklärt werden zwischen dem sogenannten Werterealismus, „dass unsere Reaktionen versuchen, die evaluative Wahrheit wiederzugeben, und in Bezug auf diese richtig oder unrichtig sein können" (Nagel, 2016, S. 142), und subjektivistischen Erklärungen von Werten, „dass

die evaluative und moralische Wahrheit von unseren motivati-
onalen Bereitschaften und Reaktionen abhängt" (ebenda).
Werte sind einerseits real und objektiv, da sie uns durch das
objektive Ziel der vollkommenen harmonischen Entfaltung
bzw. der vollkommenen Liebe immer wieder gegenübergestellt sind bis ans Ende unseres Lebens, insofern ist dem Werterealismus zuzustimmen, andererseits ist das Telos der vollkommenen Liebe im Dasein jedes einzelnen Individuums sowohl vom Geistig-Idealen als auch psychisch-motivational bezeugt und damit subjektiv, sodass dies eine subjektivistische
Erklärung darstellt. Einerseits erweist sich „das evaluative und
moralische Denken beim Zustandebringen von Ergebnissen
als förderlich" (ebenda, S. 150), weil es uns dem Ziel der vollkommenen Liebe näherbringt, andererseits kommt die entsprechende Urteilskraft daher, dass das Ziel der vollkommenen
Liebe bei jedem von uns geistig und psychisch und damit insbesondere auch motivational verankert ist, weil das Schuldig-
Sein-Können, das jedem erschlossen ist, auch wenn einige von
uns es nicht verstanden haben, uns immer wieder auffordert,
unsere Liebesfähigkeit weiterzuentwickeln.

Menschliche Aktivitäten erklären „sich nicht nur durch
die Physiologie oder durch Wünsche, sondern durch Urteile"
(ebenda, S. 164), und zwar durch Urteile aufgrund abstrakten
Denkens darüber, was man für gut hält. Die Richtigkeit eines
Urteils richtet sich danach, was objektiv gut ist, und derart gut
ist alles, was in der jeweiligen Situation für die jeweils Beteiligten die Liebesfähigkeit fördert. Das jeweils Gute taucht in
ganz verschiedenen Formen auf ganz unterschiedliche Weise
auf, und das Urteilen bzw. abstrakte Denken ist insofern
emergent, als es sich entwickelt aus den situativen Umständen.
Was wirklich gut ist, richtet sich ausschließlich an dem Ziel
der vollkommenen harmonischen Entfaltung bzw. der vollkommenen Liebe aus und kann uns je nachdem ganz unterschiedlich oder sogar gegensätzlich erscheinen. Wie wir in 3.5

gesehen haben, entwickeln sich typisch menschliche Werturteile aus der Entdeckung unseres Schuldig-Sein-Könnens und der damit verbundenen Gefahr, geächtet zu werden. Diese Gefahr kann zu verschiedenen Zeiten und an verschiedenen Orten ganz unterschiedliche oder sogar gegensätzliche Gründe haben.

Wie können wir aber solche Gefahren, geächtet zu werden, immer besser erkennen? Man beachte an dieser Stelle, dass das Erkennen im Sinne von Geschlechtsverkehr derartige Gefahren aufkommen lassen kann, während das Erkennen dieser Gefahren sie beseitigt oder zumindest mindert. Erkennendes Denken ist dialektisch (s.o.) und gründet auf Sprache oder allgemeiner noch auf Kommunikation, bei der alle Sinne miteinbezogen sind. Bei einer gelungenen Kommunikation werden Geschehnisse, die prinzipiell körperlich-materieller Natur sind, übersetzt in ihre Bedeutung und ihren Wert für das Sein, d.h. für die harmonische Entfaltung der Natur bzw. bei uns Menschen für die Entwicklung unserer Liebesfähigkeit. Darin liegt der grundlegende Wert jeglicher Kommunikation und der Sprache insbesondere.

Mehr oder weniger stark bewertet findet man die o.e. fünf ethischen Prinzipien der Leidminderung, der Gegenseitigkeit, der Rangordnung, der Bündnistreue und der Reinhaltung in allen menschlichen Gemeinschaften, und sie sind aus der Interaktion zwischen Müttern und ihren heranwachsenden Kindern wie aufgezeigt herleitbar. Bei diesem „Mehr oder Weniger" wird die Problematik von Werten und Normen sichtbar, denn was ist der Grund für solche Wertunterschiede bei diesen fünf grundlegenden ethischen Prinzipien, und welche Gründe sind gerechtfertigt und was bedeutet gerechtfertigt in diesem Fall? Von meiner teleologischen Konzeption kann ich die letzte Frage beantworten: Gerechtfertigt sind Wertunterschiede genau dann, wenn sie die Beteiligten möglichst erfolgreich dabei unterstützen, ihre Liebesfähigkeit zu vervollkommnen.

Wie und warum Wertunterschiede entstehen und sich ändern, wie sich Werte und Normen in menschlichen Gemeinschaften entwickelt haben und welchen Wandlungen sie unterworfen waren, will ich nun zum Thema machen. Wie schon aufgezeigt, ließ der Evolutionsprozess bewusste Lebewesen entstehen, die zuerst ohne ein Bewusstsein davon, dass die ganze Entwicklung auf das Ziel der vollkommenen harmonischen Entfaltung ausgerichtet ist, nach diesem Ziel strebten, indem sie durch Lernen immer mehr die Harmonie zwischen dem geistig-idealen und dem psychisch-motivationalen Aspekt ihrer Existenz herstellten. Beim menschlichen Dasein erreichte das Bewusstsein die weiteste Entwicklung durch verantwortlich-reflektiertes Denken und Handeln, sodass wir immer mehr die realen Werte erkennen können, deren Verwirklichung zur vollkommenen harmonischen Entfaltung bzw. zur vollkommenen Liebe führen. Ferner können wir immer mehr beurteilen, wie das Einhalten der entsprechenden ethischen Prinzipien diese Werte verwirklicht, und wir können schließlich immer mehr schlussfolgern, wie ihre praktische Umsetzung unsere Liebesfähigkeit fördert.

Wie sich die fünf grundlegenden ethischen Prinzipien entwickelt haben, habe ich schon geklärt, die Entwicklung ihrer jeweiligen Bewertungen in der Geschichte der Menschheit lässt sich meines Erachtens am besten anhand der Entwicklung der verschiedenen Religionen erklären, und hier gibt es ein einheitliches Muster, welches ich schon bei den drei abrahamischen Religionen (Judentum, Christentum und Islam), dem Hinduismus, dem Buddhismus, dem Konfuzianismus und dem Taoismus beschrieben habe (Kolb, 2017d). Kurz zusammengefasst ergibt sich Folgendes: Eine Religion wird neu gestiftet in einer Zeit großer Missstände und entsprechendem Leid, sodass das Prinzip der Leidminderung logischerweise im Vordergrund steht und am stärksten bewertet wird. Indem die Anzahl der Anhänger immer größer wird und die Struktur der Gemeinschaft, was Glaubensinhalt und Praxis betrifft, immer

chaotischer zu werden droht, wird eine Orthodoxie und Ortho-
praxie eingeführt, es entstehen „Heilige Schriften", man be-
müht sich um möglichst große Gleichheit, d.h. das Prinzip der
Gegenseitigkeit und Fairness wird immer stärker betont und
das der Leidminderung wird immer mehr auf die „Rechtgläu-
bigen" eingeschränkt und gilt bei Renegaten und Ketzern überhaupt nicht mehr. Wenn die betreffende Religionsgemeinschaft dann immer mehr an Größe, Macht und Einfluss gewinnt, verstärkt sich auch die innere Struktur und Hierarchie
und es kommt zu einer Alleinherrschaft oder der Herrschaft
von wenigen, d.h. das Prinzip der Rangordnung bekommt nun
höchste Priorität, und aufgrund von Intrigen geht es immer un-
fairer zu. Weil selbst der weiseste Herrscher früher oder später
die ihm Untergebenen nicht mehr verstehen kann, kommt es
zu immer größeren Missständen, sodass dies zu Unruhen, Ab-
spaltungen, Reformen und insgesamt zu einer Rückbesinnung
auf die Ursprünge der betreffenden Religion kommt, man will
dem Religionsstifter wieder in dieser Rückbesinnung treu sein,
d.h. das Prinzip der Treue und Loyalität wird am wichtigsten,
und die alten Autoritäten werden angegriffen und verlieren immer mehr an Ansehen, sodass das Prinzip der Rangordnung
kaum noch gilt. Es bilden sich dann aus der ursprünglichen
Gemeinschaft unterschiedliche Religionsgemeinschaften und
Sekten, die entsprechend verschiedene Meinungen vertreten
und miteinander konkurrieren, sodass dies entweder zu Religi-
onskriegen oder zu einem toleranten Neben- und bestenfalls
sogar Miteinander führt, die Beziehungen untereinander ge-
pflegt und Konflikte und Missverständnisse möglichst ausge-
räumt und bereinigt werden, d.h. das Prinzip der Reinhaltung,
damit das Miteinander gut und harmonisch funktioniert, bekommt nach und nach immer größere Bedeutung. Die Loyalität innerhalb der eigenen Religionsgemeinschaft kann darunter
leiden wegen Konflikten, wie weit man anderen religiösen
Gruppen entgegenkommen sollte.

Dabei besteht die Gefahr, dass Menschen in der Folge nicht nur den Bezug zur Religion überhaupt verlieren, sondern, was das eigentlich Gefährliche ist, sie verlieren den Bezug zu Werten und zu Ethik überhaupt. In Europa z.B. konnte sich nach der Entmachtung der christlichen Kirchen der Nationalismus ausbreiten, der zu schrecklichen und leidvollen Kriegen führte, sowie der Fortschrittsglaube, der ohne Rücksicht auf Fairness und Loyalität immer mehr Spannungen zwischen Arm und Reich und damit unangemessene Rangordnungen erzeugte, und in der Überbetonung der Vernunft wurden die menschlichen Emotionen vernachlässigt und Menschen überfordert oder ungerecht behandelt, d.h. die Beziehungen untereinander wurden vergiftet statt reingehalten. Die schlimmsten Folgen des Verlusts der fünf grundlegenden ethischen Prinzipien aber waren der Faschismus und der Nationalsozialismus im letzten Jahrhundert. Beim Nationalsozialismus wurde das ethische Prinzip der Reinhaltung von Beziehung dadurch total pervertiert, dass man die „arische Rasse" der „blonden und blauäugigen Germanen" (ein Widerspruch in sich) reinhalten wollte, indem man andere Menschen ermordete, statt gute Beziehungen zu unterhalten.

Insgesamt betrachtet findet man hier das Muster, dass Gemeinschaften sich nacheinander auf ein einziges ethisches Prinzip fixieren in der Reihenfolge Leidminderung, Gegenseitigkeit, Rangordnung, Loyalität und Reinhaltung und das jeweils vorangehende missachten, bis sie schließlich in weiten Teilen alle Prinzipien verlieren, sodass etwas Schreckliches passiert. Anschließend geht es dann je nachdem wieder von vorne los, weil so viel Leid entstanden ist, oder wir lernen immer mehr, die für die jeweilige Situation wichtigsten Prinzipien möglichst gleichermaßen zu berücksichtigen und dies wandlungsbereit an neue Situationen anzupassen.

Man kann die Entwicklung von Werten auch anhand der drei grundlegenden Arten von Aktivitäten des Arbeitens, Herstellens und Handelns beschreiben, wie Hannah Arendt die menschlichen Tätigkeiten unterteilt hat (Arendt, 1967). Unter Arbeiten versteht sie alle Tätigkeiten, die der Erhaltung des biologischen Lebens dienen, die also zu Dingen führen, die wir verbrauchen können, um uns lebendig zu erhalten. Sie haben mit unserem Modus des Individuums zu tun. Wenn man das Konsumieren mit hinzunimmt, dann sind diese Aktivitäten allen Lebewesen gemeinsam, und je nach Bewusstseinsentwicklung entstehen daraus entsprechende Werte auch bei Tieren und liefern ihnen Gründe, aktiv zu werden, bzw. Gründe zum Arbeiten und Konsumieren. Die Tätigkeiten des Herstellens erbringen spezifische Dinge, die wir gebrauchen können, um unser Dasein immer angenehmer zu gestalten. Sie hängen mit dem Modus der Spezies zusammen. Auch diese Aktivitäten und deren Gründe bzw. Werte gibt es bei Tieren, wenn sie sich Werkzeuge zurechtmachen und dann gebrauchen. Werte und Gründe beziehen sich bei Tieren vor allem auf sich selbst. Erst ab der Stufe des intentionalen Selbstbewusstseins, wenn zeitlich begrenzte Bündnisse entstehen, werden Wohlbefinden oder Leid auch von anderen miteinbezogen und führen zu Werten und Gründen für Aktivitäten, dies allerdings nur, solange ein bestimmtes Interesse bzw. eine bestimmte Absicht verfolgt wird. Wenn beispielsweise Delfine gelegentlich und nur in Ausnahmefällen Menschen vor dem Ertrinken retten, dann mag das daran liegen, dass sie das auch mit einem kranken und fremden Jungtier ihrer Art in der absichtsvollen Erwartung machen würden, dass dieses sich nach seiner Genesung ihrer Delfinschule anschließt und diese Gemeinschaft als ausgewachsenes Tier somit stärkt und effektiver Fische fangen lässt. Und irgendwie angezogene Menschen ähneln vielleicht jungen, kranken Delfinen.

Wir Menschen haben das Herstellen bis zu einer derartigen Perfektion getrieben, dass wir uns im Modus der Spezies regelrecht eine menschliche Welt erschaffen haben. In dieser Welt drängen die Menschen sich immer mehr zusammen wie z.B. in größeren Siedlungen oder Städten, sodass die Gefahr des Chaos wieder mehr Harmonie und eine höhere Ordnung verlangt bzw. hervorruft, nämlich durch bestimmte Spielregeln oder Konventionen geordnete Aktivitäten des Miteinander, unabhängig von Arbeiten und Herstellen. Diese Tätigkeiten des Handelns sind entsprechend spielerisch und dienen weder dem Konsum noch dem Gebrauch, sondern betreffen und gestalten allein die zwischenmenschlichen Beziehungen, beziehen sich also auf den Modus des Genus.

Arbeiten und Konsumieren ist für alle Lebewesen die grundlegende Tätigkeit, denn ohne die biologische Lebensgrundlage kann es keine weiteren Tätigkeiten geben, sodass dies die erste Art von Aktivitäten war, die von Lebewesen ausgeübt wurde. Daher sind im Zusammenhang mit diesen Tätigkeiten die ersten Werte entwickelt worden. Anfänglich gab es in dieser Hinsicht wahrscheinlich wenig Probleme, solange es noch nicht so viele Lebewesen gab und die Ressourcen zur Lebenserhaltung für alle in ausreichendem Maße zugänglich waren. Es herrschten vermutlich paradiesische Zustände und das Arbeiten machte Spaß. Mit der Zunahme der Bevölkerung aber wurde es immer mühseliger und leidvoller, für den Lebensunterhalt zu sorgen, sodass dies bis heute das Hauptproblem des Arbeitens darstellt.

Dadurch wurde das Herstellen von Gebrauchsgegenständen, die die Arbeit erleichterten und auch insgesamt das Leben angenehmer machten, immer wertvoller und führte zu dem grundlegenden <u>Prinzip der Leidminderung</u>. Erst durch das Herstellen entwickelten sich bei uns Menschen dauerhafte Werte und ethische Prinzipien, weil aufgrund des verantwortlich-reflektierten Denkens und Handelns dauerhafte Interessen und Bündnisse bis hin zu Freundschaften entstanden. Die entsprechenden Werte und Gründe für Aktivitäten galten nicht nur für einen selbst, sondern auch für alle in derselben Gemeinschaft und heute schließlich für alle, die als Menschen anerkannt sind. Da der Hersteller nicht so viel arbeiten konnte, tauschte man gegenseitig erarbeitete und hergestellte Dinge aus, und das musste nach dem <u>Prinzip der Gegenseitigkeit und Fairness</u> vonstattengehen, sonst wäre die Harmonie untereinander gestört worden. Die Kunstfertigkeit des Herstellers wurde von Meister zu Lehrling weitergegeben, sodass das <u>Prinzip der Rangordnung</u> eine wichtige Rolle beim Herstellen spielte. Als sich dann Zünfte bildeten, etablierte sich immer mehr das <u>Prinzip der Loyalität</u> unter den Handwerkern eines Handwerks. Problematisch wurde das Ganze dann mit der Entwicklung der modernen Wissenschaften, wodurch das Herstellen immer mehr perfektioniert wurde, und führte zu einem „Zweckprogressus ad infinitum", wie Nietzsche dieses Problem im Aphorismus 666, „Wille zur Macht", benannte, der auch vor dem Menschen nicht mehr Halt zu machen drohte und Kant zu der Forderung veranlasste, dass „kein Mensch je Mittel zum Zweck sein darf" (Arendt, 1967, S. 185). Dem Problem der Sinnlosigkeit des Herstellens, „der »Entwertung aller Werte«, der Unmöglichkeit, gültige Maßstäbe in einer Tätigkeit zu finden, die wesentlich durch die Zweck-Mittel-Kategorie bestimmt ist" (ebenda, S. 301), kann man nur dadurch begegnen, dass man durch Handeln und Miteinander-Sprechen einen Sinn stiftet, sich gegenseitig hilft, sich selbst immer ganzheitlicher zu verstehen, das Leid in der Welt zu mindern, und so durch Kommunikation immer mehr Solidarität zu schaffen. Letztlich ist dies das Streben nach vollkommener Liebe, wie ich später detailliert zeigen werde.

Je mehr die Menschen sich nun auf dieser durch Spielregeln bzw. Konventionen bestimmten Ebene austauschten und ihre Beziehungen untereinander gestalteten, desto schwieriger wurde es, Konflikte untereinander zu lösen, sodass ihre Beziehungen immer schlechter wurden, d.h. sie hatten immer mehr Schwierigkeiten mit dem <u>Prinzip der Reinhaltung</u> von Beziehungen. Die beiden Hauptprobleme bestanden darin, dass es nicht vorhersehbar war, was für Folgen eine Handlung haben konnte, und alles, was man im Kontakt mit anderen tat, war unwiderruflich.

Die Abhilfe der Probleme und Schwierigkeiten des Arbeitens und Herstellens kommt immer aus einem anderen Tätigkeitsbereich, der Mühsal des Arbeitens begegnet man durch die Erkenntnisse des Herstellers, der „eine Welt kennt und bewohnt" (ebenda), in der man sich das Arbeiten erleichtern kann, und die Sinnlosigkeit des Herstellens löst die Erfahrung des spielerisch Handelnden, „dass es in dieser von ihm hergestellten Welt so etwas wie Sinn geben soll" (ebenda), ein sinnvolles Zusammenspiel der einzelnen Menschen in einem natürlichen Kreislauf des Lebens, das uns Menschen in seiner Vielheit und Verspieltheit ein Vorbild für eigenes Handeln und Sprechen bietet.

Für die Probleme der Unabsehbarkeit und Unwiderruflichkeit des Handelns und Sprechens gibt es nach Hannah Arendt keine „potentiell höhere Fähigkeit" (ebenda) wie bei den anderen beiden Tätigkeitsbereichen. Auch mit Kontemplation, Erkennen, Beurteilen und logischer Verstandestätigkeit hat noch niemand einen Ausweg aus dieser „eigentümlichen Verlegenheit" (ebenda) des Handelns und Sprechens gefunden. „Das Heilmittel gegen Unwiderruflichkeit [...] liegt in der menschlichen Fähigkeit zu verzeihen. Und das Heilmittel gegen Unabsehbarkeit [...] liegt in dem Vermögen, Versprechen zu geben und zu halten" (ebenda). Hier liegt meines Erachtens doch eine potentiell höhere Fähigkeit vor, nämlich die Fähigkeit zu lieben, die zwar aus demselben Tätigkeitsbereich des Handelns und Sprechens kommt, aber eine Fähigkeit darstellt, die niemand je vollkommen beherrschen kann. In seiner Vollkommenheit ist das Lieben nicht von dieser Welt und liegt daher nicht mehr im Tätigkeitsbereich des Handelns und Sprechens. Daher können wir die Probleme dort auch niemals vollkommen lösen. Die Erkenntnis des Ziels der vollkommenen harmonischen Entfaltung bzw. der vollkommenen Liebe und die unserer Lebenswirklichkeit als Menschen, die auf das Wohlwollen der anderen angewiesen sind, weil wir nicht wirklich wissen können, was wir tun, die Erfahrung dieser Gleichartigkeit kann uns von der grundlegenden Wichtigkeit überzeugen, uns gegenseitig zu verzeihen und Versprechen zu geben und zu halten.

Die Fähigkeit, vollkommen zu lieben, ist die Fähigkeit, sich selbst vollkommen ganzheitlich zu verstehen, Leid untereinander vollkommen zu mindern und vollkommen solidarisch mit anderen zu kommunizieren. Je mehr sich diese Fähigkeit in einer Gemeinschaft entwickelt hat, desto zahlreicher und stärker sind die Bindungen, Verbindungen und Verbindlichkeiten – das sind ja Versprechen, die man hält – untereinander, d.h. die Zukunft, wie man unter bestimmten Umständen aufeinander reagieren wird, ist immer klarer und absehbarer. Ferner verzeihen sich die Menschen in einer solchen Gemeinschaft viel öfter und bereitwilliger Fehlhandlungen, denn aufgrund des eigenen Selbstverständnisses begreift jeder, dass man nicht wirklich wissen kann, was man beim Handeln und Sprechen tut, und dass Verzeihen das Leid der betreffenden Person, die von den Konsequenzen ihres Handelns und Sprechens bedrückt ist, mindern würde. Schließlich hat jeder mehr oder weniger die Erfahrung gemacht, wenn er oder sie etwas persönlich übelgenommen hat, dass es einen selbst früher oder später bedrückt. Insofern folgt also aus der Fähigkeit zu lieben die Fähigkeit zu verzeihen und Versprechen zu geben und zu halten, und diese Handlungen sind Tätigkeiten der Liebe. Um einem Missverständnis vorzubeugen: verzeihen bedeutet nicht, dass man einräumt, eine schlimme Tat sei auf einmal nicht mehr schlimm, es bedeutet nur, dass man es dem anderen nicht oder nicht mehr persönlich übelnimmt. Weiterhin braucht Verzeihen Zeit, sodass niemand sich unter Druck setzen sollte, sofort verzeihen zu können. Je mehr man sich selbst ganzheitlich versteht, desto mehr weiß man das. Je tiefer man sich verletzt fühlt, desto mehr muss man sich selbst persönlich verstehen, um die Verletzung nicht mehr persönlich übel zu nehmen. In der vollkommenen Liebe würde man sich persönlich vollkommen verstehen und könnte daher alles verzeihen bzw. nicht mehr persönlich übelnehmen. Alles verzeihen zu können, ist daher genauso eine Utopie wie die vollkommene Liebe.

Je vollkommener innerhalb einer Gemeinschaft die Fähigkeit ist, zu verzeihen und Versprechen zu geben und zu halten, desto mehr versinkt die Vergangenheit in der Bedeutungslosigkeit, da sie ja verziehen ist bzw. nichts persönlich übelgenommen wird und bedeutungsvoll nur das Persönliche ist, und desto mehr wird die Zukunft hingegeben, da man sich ja durch Versprechen bindet und andere zukünftige Möglichkeiten hingibt. Weil sich dadurch alle immer wohler, sicherer und freier von Schuld fühlen, können sie auch die Gegenwart bzw. den Alltag immer dankbarer annehmen. Dies alles zusammen bedeutet aber, dass die Fähigkeit zu lieben umso vollkommener wird, wie ich früher gezeigt habe (Kolb, 2017a; Kolb, 2017c). Damit ist gezeigt, dass die Fähigkeiten zu verzeihen und Versprechen zu geben und zu halten äquivalent ist mit der Fähigkeit zu lieben.

Insgesamt bedeutet dies, dass alle Werte und ethischen Prinzipien schon von Anfang an in dem Ziel der vollkommenen harmonischen Entfaltung bzw. in der vollkommenen Liebe enthalten bzw. daraus hervorgegangen sind. Somit macht die teleologische Konzeption der Natur, dass am Anfang das Telos der vollkommenen harmonischen Entfaltung bzw. der vollkommenen Liebe war, die notwendige Entwicklung von Bewusstsein, Denken bzw. Kognition, Vernunft, Sprache und von Werten und ethischen Prinzipien, um dieses Telos immer mehr zu verwirklichen bzw. zu erreichen, verstehbar und einleuchtend.

„[1]Im Anfang war das Wort von der vollkommenen Liebe, und dieses Wort war bei allem, und alles war dieses. [2]Dieses Versprechen war im Anfang bei allem. [3]Alles danach entstand aufgrund dieses Ziels, und ohne dieses war nichts, was gemacht ist. [4]Mit diesem Ziel war jede Entwicklung angelegt, und die Entwicklung der perfekten Liebe war das Licht der Menschen. [5]Und das Licht scheint immer weiter zur Orientierung, auch wenn es als solche nicht begriffen wird." (Frei nach dem Johannesevangelium, 1. Kapitel, 1-5)

# Abbildungen und Tabellen
(übernommen von „Liebe, Macht und Sexualität" (Kolb, 2017c)
und etwas verändert)

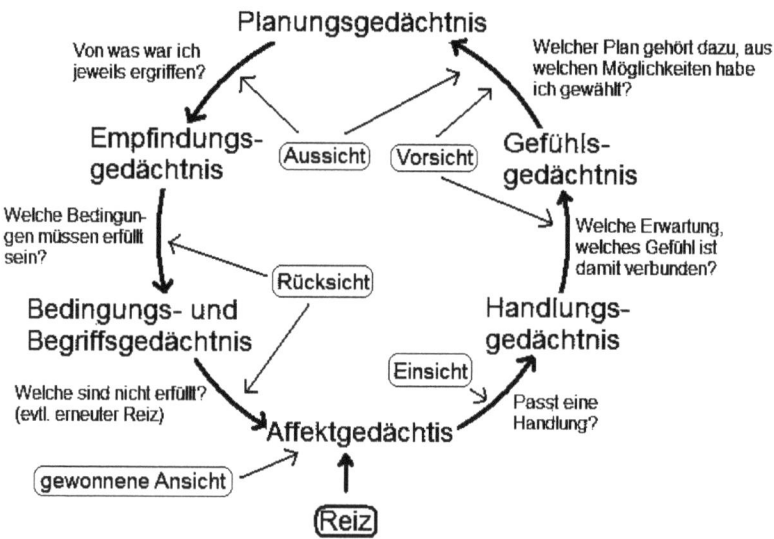

## Abbildung 1: Der Kreis des klugen Handelns beim Kind

Auf der Entwicklungsebene des physischen Selbst lernt ein Kind durch gemeinsame Einsicht, auf der des sozialen Selbst durch gemeinsame Rücksicht, auf der des teleologischen Selbst durch gemeinsame Vorsicht und auf der des intentionalen Selbst durch gemeinsame Aussicht. Es kann so neue und kluge Ansichten gewinnen.

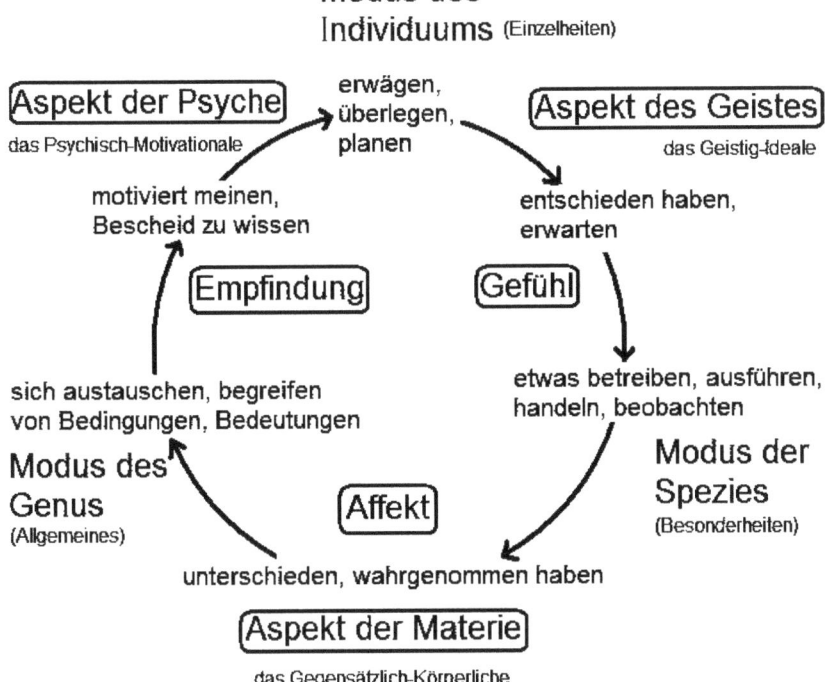

**Abbildung 2: Menschliches Handeln, möglich aufgrund Lernens durch Umsicht**

Die Umsicht beginnt damit, dass wir nicht gleich handeln, sondern erst einmal zu begreifen versuchen, wo etwas herkommt, und uns eventuell mit anderen darüber auszutauschen. Beim Wahrnehmen sind wir Objekt der Materie, beim Begreifen psychische Subjekte, beim Motiviert-Sein Objekt der Psyche, beim Planen geistige Subjekte, beim Erwarten Objekt des Geistes und beim Handeln materielle Subjekte.

## Abbildung 3: Der Kreis des verantwortlich-reflektierten Handelns

Ist die geistige Vorstellungskraft für die Realität zu gering, die affektiv wahrgenommenen Gegensätzlichkeiten der Materie zu groß, so dass wir uns nicht als psychische Subjekte mit dem Aspekt der Materie auseinandersetzen und diesen nicht affektiv begreifen können, kommt es zur Verdrängung der Affekte durch deren Abspalten (Trauma, Wahn, Psychose), sind die begriffenen materiellen Gegensätzlichkeiten von Katastrophen und Idealen zu gewaltig, so dass wir uns nicht auf passende Möglichkeiten unseres Seinkönnens befindlich verstehen können, kommt es zur Verdrängung der Empfindungen durch Abwehrstrategien (Suchtgefahr), und ist der Mut bzw. die psychische Motivation, sich mit den erwarteten Gegensätzlichkeiten der Materie gefühlsmäßig auseinanderzusetzen, zu gering, so dass wir uns nicht trauen, unsere praktischen Fähigkeiten und Fertigkeiten einzusetzen, um uns praktisch bzw. als materielle Subjekte mit dem Aspekt der Materie auseinanderzusetzen, kommt es zur Verdrängung der Gefühle durch Bewältigungsstrategien wie Aktionismus oder Apathie (Ängste, Depressionen, Neurose).

## Tabelle 1: Grundlegende Begriffe der Daseinsanalyse

Zwischen den drei Begriffen jeder Tabellenzeile besteht eine absolute Dialektik, d.h. jeweils zwei vermitteln den dritten und dieser vermittelt zwischen den beiden ersten. Es gibt keinen Vorrang eines Begriffs.

| Daseinsaspekte | Materie (Unterscheidbarkeit, Täuschung), das Gegensätzlich-Materielle | Psyche (Ergriffenheit), das Psychisch-Motivationale | Geist (Erwartung), das Geistig-Ideale |
|---|---|---|---|
| Aspekte der vollkommenen Liebe | Materie als der Aspekt der Entfremdung von der vollkommenen Liebe | Psyche als der Aspekt der Dynamik der vollkommenen Liebe | Geist als der Aspekt der Rückkehr zur vollkommenen Liebe |
| Wahrnehmungsstrukturen, Beziehungsmuster, materielle Verankerung | Rhythmik (akzentuierter Wechsel der Gegensätze), Ähnlichkeit, lebendig-tot | Zeit (Beginn, Dauer und Ende der Ergriffenheit von Gegensätzen), Entwicklung, werden-vergehen | Raum (Entfernung zwischen Gegensätzen), Geordnetheit, nah-fern bzw. vertraut-fremd |
| Rezeption | Unterschieden-, Wahrgenommen-Haben | Begriffen-Haben, Meinen, Bescheid zu wissen | Entschieden-Haben, Erwarten |
| Emotionen | Affekt | Empfindung | Gefühl |
| Dispositionen | Haltung | Einstellung | Stimmung |
| Daseinsmodi | | Genus (Gemeinschaftswesen) Objekt der Materie u. psychisches Subjekt | Individuum (Einzelwesen) Objekt der Psyche u. geistiges Subjekt | Spezies (besonderes Wesen) Objekt des Geistes u. materielles Subjekt |
| Daseinsstrukturen (Wirkung der grundlegenden Wahrnehmungsstrukturen auf das Dasein) | | Räumlichkeit (Raum): Man muss wählen, sich einzulassen und wird versetzt oder versetzt sich in die Ekstase der Auskunft, Aufforderung, sich einzulassen, sich mit anderen auszutauschen und zu begreifen | Zeitlichkeit (Zeit): Man wird versetzt oder versetzt sich in die drei Ekstasen der Herkunft, der Zukunft und der Ankunft, Aufforderung, zu verstehen und zu planen | Wirklichkeit (Rhythmik): Konfrontation mit Bedingungen, Zusammenhängen und dem lebendigen Zustand von Gegensätzen, Aufforderung, lebendig zu sein und zu handeln |
| Aktivitäten (gemeinschaftlich, individuell, spezifisch) | | mit anderen sich austauschen, zu begreifen suchen, um Bescheid zu wissen | erwägen, überlegen, verstehen, entwerfen, planen, zu entscheiden suchen | handeln, umsetzen, beobachten, zu unterscheiden suchen |

## Tabelle 2: Die Entwicklung des Kindes bis zur Pubertät

Die fünf Entwicklungsebenen (Fonagy, Gergely, Jurist, & Target, 2008) in Bezug gesetzt zu den dianoietischen Tugenden nach Aristoteles (Aristoteles, 1985), zu den Gegensätzen bei Nishida (Nishida, 2011) und zur Entwicklung der leiblichen Sinne, wie diese symbolisch in der Alltagssprache verankert sind.

| Entwicklungsebene (spezifische Aktivität) | Dianoietische Tugend | Gegensatz, materielle Verankerung (Gefahr) | Leibliche Sinne (Redewendung) |
|---|---|---|---|
| Physisches Selbst (Treiben, Beobachten) | Verstand | aktiv-passiv (mangelnde Einsicht, unangemessene Ansicht) | Geschmackssinn (an etwas Geschmack finden) |
| Soziales Selbst (Machen, Sich-Fügen) | Wissenschaft | subjektiv-objektiv (mangelnde Rücksicht, Überforderung) | Geruchssinn (es stinkt einem, etwas nicht riechen können) |
| Teleologisches Selbst (Fertigen) | Kunstfertigkeit | kontinuierlich-diskontinuierlich (zu wenig Vorsicht, Hilflosigkeit) | Tastsinn (sich ängstlich an etwas herantasten) |
| Intentionales Selbst (Ausführen) | Klugheit | linear-zirkulär (zu viel in Aussicht, Hoffnungslosigkeit) | Gehörsinn (wer nicht hören will, muss fühlen) |
| Repräsentationales Selbst (verantwortliches Handeln) | Weisheit | zeitlich-räumlich (zu wenig Umsicht, Unzulänglichkeit) | Gesichtssinn (alles in Betracht ziehen) |

## Tabelle 3: Die Entwicklung des Zahlen-, Raum- und Zeitverständnisses

Die fünf Entwicklungsebenen (Fonagy, Gergely, Jurist, & Target, 2008) und das jeweils mögliche Verständnis von Zahlen bzw. Logik, Raum und Zeit, wobei das jeweilige Verständnis auf der entsprechenden Entwicklungsstufe erst beginnen kann, also dort noch lange nicht voll entwickelt ist.

| Entwicklungsebene, primäre Lernformen | Zahlen, Logik | Raum (Geometrie) | Zeit |
|---|---|---|---|
| Physisches Selbst, *Einsicht* und Habituation | 0 und 1, Ja und Nein | isolierte, bedeutungsvolle Ortpunkte | isolierte, bedeutungsvolle Zeitpunkte |
| Soziales Selbst, *Rücksicht* und Prägung | natürliche Zahlen, induktives Schlussfolgern | Ortpunktmengen mit klassifizierten Teilmengen | teilweise zusammenhängende und diskret aneinandergereihte Zeitpunkte |
| Teleologisches Selbst, *Vorsicht* und klassische Konditionierung | Ring der ganzen Zahlen, deduktives Schlussfolgern | Strahlenraum | teilweise voneinander abhängige Zeitpunkte (Vorher, Jetzt und Nachher) |
| Intentionales Selbst, *Aussicht* und operante Konditionierung | rationale und reelle Zahlen, Einteilen und Messen, conduktives Schlussfolgern | Vektorraum | verschiedene Zeitpunkte, verbunden durch eine gewisse Zeitdauer |
| Repräsentationales Selbst, *Umsicht* und Modelllernen | komplexe Zahlen, Wechselwirkungen | Affiner Raum, Ähnlichkeitsraum | sich überlagernde Zeitwahrnehmungen (allgemeingültige, individuelle, spezifische) |

## Tabelle 4: Die hauptsächlichen philosophischen Probleme

Die wichtigsten philosophischen Probleme und ihre analogen Daseins- und emotionalen Probleme. Entsprechende praktische Lösungen bzw. Erleichterungen könnten Versprechen und Wiedergutmachungen, Selbstaffirmation und, anderen nichts persönlich übel zu nehmen, was bedeutet, zu versuchen, die vollkommene Liebe zu erreichen.

| Philosophisches Problem | Menschliches Daseinsproblem | Emotionales Problem | Lösungsmöglichkeit |
|---|---|---|---|
| Freiheit des Willens | Generelles Problem des Zerfalls der Gemeinschaft | des Aufbrausens, der Wut, des Zorns | Disziplin und Affirmation bzw. Selbstdisziplin und Selbstaffirmation |
| Leib-Seele-Problem | Individuelles Problem der Sterblichkeit | des Schrecks, der Angst, der Furcht | Vertrauen in und Hingabe an eine Höhere Macht |
| Problem des Bewusstseins | Spezifisches Problem der Einsamkeit | des Schmerzes, des Leids, der Trauer | Aktive Geduld im Streben nach der vollkommenen Liebe |

# Literaturverzeichnis

Al-Khalili, J., & McFadden, J. (2015). *Der Quantenbeat des Lebens. Wie Quantenbiologie die Welt neu erklärt.* Berlin: Ullstein Buchverlage GmbH.

Arendt, H. (1967). *Vita activa oder Vom tätigen Leben.* München: Piper Verlag GmbH.

Aristoteles. (1985). *Philosophische Bibliothek, Bd. 5, Nikomachische Ethik.* (G. Bien, Hrsg.) Hamburg: Felix Meiner Verlag.

Fonagy, P., Gergely, G., Jurist, E. L., & Target, M. (2008). *Affektregulierung, Mentalisierung und die Entwicklung des Selbst.* Stuttgart: Klett-Cotta.

Heidegger, M. (2006). *Sein und Zeit.* Tübingen: Max Niemeyer Verlag.

Heidegger, M. (2010). *Über den Humanismus.* Frankfurt am Main: Vittorio Klostermann GmbH.

Hüther, G. (2012). *Die Evolution der Liebe: Was Darwin bereits ahnte und die Darwinisten nicht wahrhaben wollen* (7. Auflage Ausg.). Göttingen: Vandenhoeck & Ruprecht.

Kant, I. (1781 (A), zweite Auflage 1787 (B)). *Critik der reinen Vernunft.* Riga: Johann Friedrich Hartknoch.

Kant, I. (1799 (3. Auflage)). *Critik der Urteilskraft.* Berlin: F.T. Lagarde.

Kolb, H.-P. (2017a). *Dasein, um zu lieben. Daseinsanalytische Grundlagen für Psychologie und Psychotherapie (2018 überarbeitete Fassung).* Norderstedt: BoD - Books on Demand.

Kolb, H.-P. (2017b). *Rhythmus, Intuition und Liebe. Die Rolle der Körperlichkeit bei der Daseinsanalyse (2018 überarbeitete Fassung).* Norderstedt: BoD - Books on Demand.

Kolb, H.-P. (2017c). *Liebe, Macht und Sexualität. Wie können wir in diesem Spannungsfeld glücklich werden (2018 überarbeitete Fassung).* Norderstedt: BoD - Books on Demand.

Kolb, H.-P. (2017d). *Religion, Ökumene und Liebe. Daseinsanalytische Religionsphilosophie (2018 überarbeitete Fassung).* Norderstedt: BoD - Books on Demand.

Kôyama, I. (2011). Das Prinzip der Entsprechung und die Ortlogik. In R. Ohashi (Hrsg.), *Die Philosophie der Kyôto-Schule* (H.-J. Becker, Übers., S. 286 - 325). Freiburg im Breisgau: Verlag Karl Alber in der Verlag Herder GmbH.

Nagel, T. (2016). *Geist und Kosmos: Warum die materialistische neodarwinistische Konzeption der Natur so gut wie sicher falsch ist.* Berlin: Suhrkamp Taschenbuch.

Nishida, K. (2011). Selbstidentität und Kontinuität der Welt. In R. Ohashi (Hrsg.), *Die Philosophie der Kyôto-Schule* (E. Weinmayr, Übers., S. 56 - 114). Freiburg im Breisgau: Verlag Karl Alber in der Verlag Herder GmbH.

Rentsch, T. (1999). *Die Konstitution der Moralität: transzendentale Anthropologie und praktische Philosophie.* Frankfurt am Main: Suhrkamp-Taschenbuch Wissenschaft.

Staemmler, F.-M. (2015). *Das dialogische Selbst. Postmodernes Menschenbild und psychotherapeutische Praxis.* Stuttgart, Germany: Schattauer GmbH.

Velleman, J. D. (2015). *Foundations for Moral Relativism: Second Expanded Edition.* Cambridge, UK: Open Book Publishers.

Weber, A. (2007). *Alles fühlt. Mensch, Natur und die Revolution der Lebenswissenschaften.* Berlin: Berlin Verlag GmbH.

Wittgenstein, L. (2001). *Philosophische Untersuchungen; Kritisch-genetische Edition.* (J. Schulte, Hrsg.) Frankfurt am Main: Suhrkamp Verlag.